ARND BÜNKER | HANSPETER SCHMITT (HG.)

Familienvielfalt
in der katholischen Kirche

EDITION **N Z N**

BEI **T V Z**

**Angeregt und unterstützt von der Fachkommission
Buchproduktion der Katholischen Kirche im Kanton Zürich**

Angelica Venzin, Synodalrätin der Katholischen Kirche im Kanton Zürich, Dr. Daniel Kosch, Generalsekretär der Römisch-Katholischen Zentralkonferenz der Schweiz, Tit. Prof. Dr. Arnd Bünker, Leiter des Schweizerischen Pastoralsoziologischen Instituts St. Gallen, P. Franz-Xaver Hiestand SJ, Leiter des aki (der katholischen Hochschulgemeinde) Zürich, Prof. Dr. Walter Kirchschläger, emeritierter Professor für Neues Testament an der Theologischen Fakultät der Universität Luzern, Dr. Claudia Mennen, Leiterin der Fachstelle Bildung und Propstei der Röm.-Kath. Kirche im Aargau, Prof. Dr. Alberto Bondolfi, emeritierter Professor für Ethik an der Universität Lausanne, Prof. Dr. Eva-Maria Faber, Professorin für systematische Theologie und Rektorin der Theologischen Hochschule Chur, Dr. René Zihlmann, langjähriger Präsident der Zentralkommission der Katholischen Kirche im Kanton Zürich, Lisa Briner und Hansruedi Hausherr, Theologischer Verlag Zürich TVZ, Markus Zimmer, Edition NZN bei TVZ

ARND BÜNKER | HANSPETER SCHMITT (HG.)

Familienvielfalt
in der katholischen Kirche
Geschichten und Reflexionen

Texte von Arnd Bünker, Christina Caprez, Heidi Kronenberg,
Martin Lehmann und Hanspeter Schmitt
Fotografien von Christoph Wider

EDITION **NZN**
BEI **TVZ**
Theologischer Verlag Zürich

Diese Publikation wurde ermöglicht durch grosszügige Zuwendungen:
Synodalrat der Katholischen Kirche im Kanton Zürich
Bistum St. Gallen
Römisch-Katholische Landeskirche Aargau
Römisch-katholische Landeskirche des Kantons Luzern
Römisch-Katholische Landeskirche Nidwalden
Römisch-katholische Landeskirche des Kantons Basel-Landschaft

Bibliografische Information der Deutschen Nationalbibliothek – Bibliografische
Einheitsaufnahme
Die Deutsche Nationalbibliothek verzeichnet diese Publikation in der Deutschen Nationalbibliografie; detaillierte bibliografische Daten sind im Internet
über http://dnb.d-nb.de abrufbar.

Satz: Mario Moths, Marl
Umschlagfotografie: Pia Grimbühler Food & Lifestyle Photography, Zürich
Druck: ROSCH-Buch GmbH, Scheßlitz

ISBN 978-3-290-20107-4
© 2015 Theologischer Verlag Zürich
www.edition-nzn.ch

INHALT

VORWORT

Die gesellschaftlich gelebte Vielfalt von Familien- und Partnerschaftsformen ist längst in der katholischen Kirche angekommen. Inzwischen wird sie dort offen wahrgenommen, differenziert diskutiert und willkommen geheissen. Bei der grossen Mehrheit der Gläubigen jedenfalls ist sie als Ausdruck realen und authentischen Lebens anerkannt.

Dem steht das kirchen- und lehramtlich geforderte Ideal von Beziehung und Familie entgegen. Demnach muss menschliche Sexualität in einer von Liebe und unverbrüchlicher Treue geprägten Ehe von Mann und Frau angesiedelt und stets für Fortpflanzung offen sein. Familie wird vor allem als Ort der Erziehung der Nachkommen gesehen. Lebens-, Liebes- und Familienformen, die sich jenseits dieses Ideals bewegen, gelten als «irregulär», zumal wenn sie mit Sexualität verbunden sind.

Die Differenz zwischen dem kirchenoffiziellen Ideal und der ausserkirchlichen wie innerkirchlichen Alltagsrealität wird von vielen als problematisch empfunden. Sie stellt einen andauernden Konfliktstoff dar, der sich auf das Innenleben der Kirche wie auf ihr Verhältnis zu Kultur, Gesellschaft und Staat bzw. den darin verantwortlich lebenden Menschen negativ auswirkt.

Der sich somit ergebende dringende Gesprächs- und Reflexionsbedarf wird inzwischen von der Leitung der katholischen Kirche gesehen und offiziell aufgenommen. Die im Herbst 2014 in Rom abgehaltene ausserordentliche Bischofssynode widmete sich – inspiriert durch Papst Franziskus – den Themen Familie, Ehe und Partnerschaft. Ihre Ergebnisse gelangten wiederum in einen weltweiten Konsultationsprozess, zu dem alle Mitglieder der Kirche aufgerufen wurden.

Auch in der Schweiz findet der Synodenprozess grosse Beachtung. Die vielfältigen Wirklichkeiten im Bereich Partnerschaft, Sexualität, Ehe und Familie werden darin vor dem Hintergrund des Glaubens gedeutet. Für das kirchliche Leben und die Seelsorge werden Herausforderungen benannt und Lösungsvorschläge gesucht. All dies fliesst wieder zurück in die Beratungen einer zweiten Bischofssynode, die im Herbst 2015 stattfindet.

Das vorliegende Buch zur Familienvielfalt in der katholischen Kirche ist im Hinblick auf diesen Prozess entstanden. Es spiegelt die grosse Vielfalt und die unterschiedlichsten Erfahrungen familiären Daseins und partnerschaftlicher Liebe auf beeindruckende Weise wider.

Zu Wort kommen Menschen, die Teil der katholischen Kirche sind und ihr Zusammensein in Familie und Partnerschaften vielfältig gestalten. In ihren Geschichten verbinden sich Hoffnungen, Möglichkeiten und Lebenslagen in unterschiedlichster Weise mit dem Glauben. Zu Wort kommen zudem Fachleute, Seelsorgerinnen und Seelsorger, die über Fragen, Herausforderungen und Gestaltungsperspektiven solcher Geschichten in der katholischen Kirche nachdenken und sie anhand theologischer Begriffe praktisch und zukunftsbezogen reflektieren.

Damit ist dieses Buch nicht nur ein Beitrag zur laufenden Familiensynode in Rom. Es ist auch ein anschauliches Medium für das vorurteilsfreie Kennenlernen und genaue Verstehen unterschiedlicher Familiensituationen in unserer Gesellschaft. Es kann nicht zuletzt das Bewusstsein für die Vielfalt und Würde familiären Lebens im Rahmen pastoraler, schulischer, gemeindlicher und administrativer Tätigkeiten stärken.

Diese Chance auf eine echte Annäherung an unterschiedliche Familiensituationen und an die theologischen und pastoralen Anforderungen ist im originären Stil des Werkes begründet. Der unverstellte Blick auf die Familienvielfalt und ihre Herausforderungen im Bereich der Kirche ist den beteiligten Autorinnen und dem Autor zu verdanken, die wir für das Buch gewinnen konnten: Christina Caprez, Martin Lehmann und Heidi Kronenberg haben grosses Gespür für Menschen, ihre Familiengeschichten, Biografien und Motive gezeigt und eine eindrückliche Sprache der Würdigung ihrer familiären Lebenslagen gefunden. Den erfahrenen Journalisten ist die Wiedergabe spannender Begegnungen mit Familien, Seelsorgenden und Fachleuten gelungen, die in diesem Buch als Porträts, Diskussionen und Gespräche vorliegen. In Ergänzung dazu hat Christoph Wider die erzählte Vielfalt fotografisch präzise eingefangen.

Besonders gilt unser Dank den Familien, die bereit waren, mit erstaunlicher Offenheit von sich und ihrem Leben zu berichten und dabei ihren Weg und ihren Ort innerhalb der katholischen Kirche mit Bedacht, aber auch kritisch zu beleuchten. Ebenso danken wir den Fachleuten aus Theologie, Kirche und Seelsorge, die sich und ihre Perspektiven für das Experiment dieses journalistisch geprägten Buches zur Verfügung gestellt haben.

Nicht zuletzt gilt unser Dank jenen, die diesem Projekt und uns, den Herausgebern, ihr Vertrauen schenkten: der Fachkommission

Buchproduktion der Katholischen Kirche im Kanton Zürich, deren Idee es war, einen Buchbeitrag für diese Familiensynode zu leisten; dem Synodalrat der Katholischen Kirche im Kanton Zürich, der einen grossen Beitrag für die besondere Ausführung des Buches zur Verfügung stellte; dem Bistum St. Gallen sowie den Römisch-katholischen Landeskirchen der Kantone Aargau, Luzern, Basel-Landschaft und Nidwalden, die sich an der Finanzierung des Buches beteiligt haben, und nicht zuletzt dem Theologischen Verlag Zürich, der diese Publikation in seiner Edition NZN realisiert hat und mit Markus Zimmer einen überaus engagierten Lektor zur Verfügung stellte.

Im gesamten Buch spiegelt sich die Kritik an den über Jahrhunderte kirchlich geforderten Idealvorstellungen und Normen einer auf biologische Fruchtbarkeit fixierten Ehe- und Familienmoral. Ebenso spiegelt sich das Leiden daran. Zugleich werden positive Erfahrungen in der Kirche sichtbar, und es tönt zwischen allen Zeilen die Hoffnung und Erwartung, dass sich die katholische Kirche – auch in Lehre und Leitung – vorbehaltlos auf die Seite der Menschen stellt: Es gilt sie in ihren Familien- und Partnerschaftsformen, in ihren Lebensumständen und mit ihrer eigenen Verantwortung ernst zu nehmen und zu würdigen. Gefragt ist folglich eine Anerkennung, die sich in Respekt, Solidarität und in konstruktiven Formen von Nähe und Kommunikation zeigt. Wo dies geschieht, wird die Güte und Anerkennung Gottes spürbar, die Menschen verbindet, die sie wachsen und leben lässt. In der Pastoral des Jesus von Nazaret finden wir dafür Quelle, Ermutigung und Orientierung.

St. Gallen / Chur, Juni 2015
Arnd Bünker
Hanspeter Schmitt

FAMILIENVIELFALT – GESCHICHTEN UND REFLEXIONEN

Arnd Bünker

Niemand kann sich dem Thema Familie entziehen. Selbst wenn im Leben eines Menschen keine Familie (mehr) besteht, prägt auch dies die persönliche Geschichte, die Abstammung, das Gefühl oder das Vermissen von Zugehörigkeit, Beziehung und Nähe.

Vor diesem Hintergrund ist es verständlich, wenn auch im Bereich der Religion immer wieder auf Familienthemen Bezug genommen wird. Mutter, Vater, Kind, Verwandtschaft, Partnerschaft, Sexualität, Abstammung und Zugehörigkeit – diese urmenschlichen Kategorien wurden vom Judentum wie vom Christentum immer wieder neu und anders aufgegriffen. Familienfragen werden für die je eigene Zeit aktualisiert und mit dem Glauben an Gott in Verbindung gebracht. So wird auch die «Familiengeschichte» der römisch-katholischen Kirche laufend weitergeschrieben. Das vorliegende Buch versteht sich als ein Beitrag zu dieser Geschichte. Es reflektiert vielfältige Familienwirklichkeiten innerhalb der katholischen Kirche in der Schweiz und sucht nach Anschlussmöglichkeiten für die Pastoral und die Theologie.

Von der Menschheitsfamilie zur Heiligen Familie

Die ganze Menschheit ist Familie. So erzählen es biblische Texte in vielen Geschichten. Sie berichten von einer Menschheitsfamilie in der Nachfolge von Adam und Eva – mit allen Folgen und Nebenwirkungen. Aus Abrahams und Sarahs später Fruchtbarkeit geht das Volk Israel hervor. Abraham, Isaak und Jakob sind Erzväter dieses Volkes. Die Söhne Jakobs und seiner Frauen Lea und Rahel, Urenkel Abrahams, sind Stammväter der zwölf Stämme Israels. Der Evangelist Lukas verfolgt im dritten Kapitel seines Evangeliums den Stammbaum Jesu bis zu Adam zurück – Menschheitsfamilie.

Auch dem Evangelisten Matthäus, dem erstplatzierten Autor im Neuen Testament, ist die Familie Jesu wichtig. Die ersten siebzehn Verse seines Evangeliums listen den Stammbaum Jesu bis zu Abraham auf. Wer die Geschichten zu den genannten Personen im Stammbaum Jesu liest, staunt über eine Familienvielfalt, die den Vergleich mit manchen Vorabend-Soaps nicht zu scheuen braucht.

«Geordnete Verhältnisse» sähen anders aus. Aber mit genau diesem Familienstammbaum setzt die Geschichte Jesu ein. Gottes Heil bricht sich durch mancherlei schräge Verhältnisse Bahn und verbindet sich so mit den vielfältigen Familien-Geschichten der Menschen. Matthäus setzt also einerseits auf die Familie, andererseits durchbricht er jedoch die gängigen Vorstellungen einer heilen Familienwelt: Ehedramen, Prostitution, Treuebruch oder die Einheirat Fremder gehören zur grossen Familie Jesu. Auch die Umstände seiner Zeugung sind alles andere als gewöhnlich. Ein Engel spricht zu Josef, dem «Vater» Jesu: «Josef, Sohn Davids, scheu dich nicht, Maria, deine Frau, zu dir zu nehmen; denn was sie empfangen hat, ist vom Heiligen Geist.» (Mt 1,20) Die «Heilige Familie» stellt alle vermeintliche Normalität auf den Kopf und gilt dennoch als Ideal der Familie.

Jesus als Familienrebell und eheidealistischer Querdenker

Und Jesus? Nicht gerade ein Familienmensch. Schon als Zwölfjähriger nennt er den Tempel das Haus seines Vaters und nicht sein Elternhaus in Nazaret – so stösst er Maria und Josef vor den Kopf, die ihr Kind aufgeregt gesucht haben. Als Erwachsener schlägt er in die gleiche Kerbe. Als ihn seine Familie aufsucht, weil sie ihn sprechen möchte, reagiert er schroff und definiert Familienbeziehungen einfach um: «Meine Mutter und meine Brüder sind die, die das Wort Gottes hören und danach handeln.» (Lk 8,21). Auch auf die Familien seiner Anhänger und auf respektvollen Umgang gegenüber ihren Eltern legt er weniger Wert, als es die religiösen und gesellschaftlichen Gebote seiner Zeit erwarten lassen. Seine radikale und endzeitlich gefärbte Orientierung am Reich Gottes relativiert Familienbeziehungen in den Augen Jesu. Einem Jünger will er nicht einmal Zeit zum Begräbnis seines Vaters gewähren: «Lass die Toten ihre Toten begraben» (Mt 8,21) – ein Affront gegen das vierte Gebot, das doch verlangt, Vater und Mutter zu ehren.

Im Blick auf die Ehe wird von Jesus wiederum Herausforderndes berichtet. Im Matthäusevangelium formuliert er ein sehr strenges Ideal des Ehebundes und kritisiert die jüdische Gesetzestradition, nach der ein Mann seine Frau aus der Ehe entlassen konnte. Damit war der Weg des Mannes in eine neue Ehe frei. Für Jesus stellt jedoch eine solche Heirat nach der Trennung von einer Frau Ehebruch dar. Nur für den Fall verantwortungsloser sexueller Beziehung lässt Jesus eine Ausnahme gelten. Seine Jünger erkennen den Ernst der Lage und reagieren entsetzt: «Wenn das die Stellung des Mannes in der Ehe ist, dann ist es nicht gut zu heiraten.» (Mt 19,10) In der Überlieferung einer fast gleichen Stelle im Markusevangelium ist

Jesus noch radikaler: Hier ist jede Ehe im Himmel geschlossen. «Was aber Gott verbunden hat, soll der Mensch nicht trennen.» (Mk 10,9) Mann und Frau begehen nach dieser Stelle Ehebruch, wenn sie nach einer Trennung wieder heiraten.

In den Erzählungen über Jesus zeigen sich aber auch andere Facetten: Sein radikaler Anspruch an die Ehe überfordert sogar die Allerfrömmsten und lässt gerade deshalb denjenigen eine Chance, die üblicherweise als Sünder und Sünderinnen abgestempelt werden. Gemessen am Anspruch Jesu kann kein Mensch der unendlichen Treue Gottes gegenüber den Menschen gerecht werden. «Wer von euch ohne Sünde ist, werfe als erster einen Stein auf sie.» (Joh 8,7)

Nicht zuletzt wurde mit der Tradition des Zölibats, der auf Jesus bezogen wird, eine religiös begründete Relativierung von Ehe und Familie in die kirchliche Überlieferung eingetragen. Entgegen einer vermeintlichen Natürlichkeit und Unausweichlichkeit der Ehe kennt und achtet die Kirche auch Lebensentwürfe jenseits von Ehe und Familie.

Familiengeschichte der Kirche

Die Kirche tritt also ein uraltes und zugleich spannungsvolles Erbe an. Schon die Gründungsurkunde der Kirche, die Bibel, berichtet von Familienvielfalt. Die unterschiedlichsten Modelle und Konstellationen familiärer Beziehungen werden zu Anknüpfungspunkten für den Weg Gottes mit seinem Volk.

In der Rückschau lassen sich für die Kirche wichtige Leistungen markieren, die bis heute für den Blick auf Familie wichtig sind:

Zunächst hat die Kirche schon früh – und gegen die kulturellen Trends im römischen Reich – die Rolle von Frauen und Müttern verbessert. Sie werden nicht mehr einfach als Verfügungsobjekte von Männern gesehen, und auch religiös spielen sie immer wieder eine wichtige Rolle. Auch wenn die Kirche gegenüber den Frauen längst nicht alles richtig gemacht hat und es durchaus auch eine Schuldgeschichte der Kirche gegenüber Frauen gibt, so war die relativ gesehen höhere Achtung von Frauen doch ein wichtiges Element über weite Phasen ihrer Geschichte.

Gleiches gilt für die Wertschätzung der Kinder. Hatten diese im römischen Reich oft eher den Charakter von Besitzgegenständen des Vaters einer Familie, so hat die kirchliche Tradition sich stark an der jesuanischen Wertschätzung der Kinder orientiert: «Wenn ihr nicht werdet wie die Kinder, so könnt ihr nicht in das Himmelreich kommen.» (Mt 18,3) Die Kapuzenkleidung vieler Ordensleute erinnert bis heute an diese Kinder-Hochschätzung: Kapuzen sind Merkmal von Kinderkleidung – und Ordensleute trachten nach dem Ideal der Gotteskindschaft. Natürlich darf auch hier die Rolle der

Kirche in zwei Jahrtausenden nicht idealisiert werden. Auch im Umgang mit Kindern hat die Kirche Fehler zugelassen, denen sie sich stellen muss.

Und die Männer? Die Männer- und Vaterrolle ist in der kirchlichen Tradition – und anders als im Alten Testament – seltsam unterbelichtet. Vielleicht beherrschte die zunehmende Rede von Gott als dem Vater den Blick auf die Männer so sehr, dass eine eigene Thematisierung menschlicher Männlichkeit und Vaterschaft kaum zum Tragen kam. Nicht zuletzt dürfte in diesem Zusammenhang auch der Zölibat eine wichtige Rolle spielen. Mit ihm wurde in der Kirche ein spezifisches Männerbild geschaffen, das in gewisser Weise den Verzicht auf Männlichkeit – oder die Bändigung des Männlichen – implizierte.

Vor allem im 19. Jahrhundert erlebte die Betonung der Familie einen Aufschwung in der Kirche. Mit der Industrialisierung und Modernisierung vieler Länder änderten sich die Lebensumstände der Menschen. Religiöse Traditionen und Überzeugungen wurden infrage gestellt, und die katholische Kirche war mit grosser Kritik konfrontiert. In dieser Situation geriet die Familie mehr und mehr in den Blickpunkt der Kirche – und mit ihr das typische Familienideal der industriellen Moderne, die Zwei-Generationen-Familie aus Vater, Mutter und Kind(ern). Die Kirche – zu dieser Zeit oftmals heftig angefeindet und unter Druck – setzte seither vermehrt auf die Familien als letzte Widerstandszellen der Kirche, als Orte der Glaubensweitergabe und als «heile Welt» inmitten der modernen Gesellschaft mit ihren bedrohlichen Umwälzungen und Krisen. Seit dem 19. Jahrhundert stand damit die Familie unter einem besonderen Schutz der Kirche; sie genoss seitdem auch eine besondere Beobachtung. Abweichungen vom Ideal wurden schnell festgestellt und innerhalb der Kirche bzw. des katholischen Milieus entsprechend sanktioniert. Die seit Beginn des 20. Jahrhunderts veränderte Sakramentenpraxis, insbesondere der Trend zur sonntäglichen Kommunion mit vorhergehender Beichte, bot in diesem Zusammenhang auch eine Möglichkeit, die «Irregularität» familiärer Verhältnisse im Gottesdienst für alle sichtbar zu machen.

Das «Logo», das Symbolbild, dieser Familienorientierung der katholischen Kirche hing noch bis weit ins 20. Jahrhundert hinein in fast jedem katholischen Haushalt: Ein meistens etwas kitschiges Bild der «Heiligen Familie» in häuslicher Umgebung: Josef als Zimmermann, Maria mit Haushaltsaufgaben befasst und der kleine Jesus, der dem Vater zur Hand geht. Hier steht die «Kernfamilie», Vater, Mutter und Kind(er), im Zentrum und wird gewissermassen zum Dreh- und Angelpunkt des kirchlichen Familienideals – weit weg von der grösseren Familienvielfalt der Jahrtausende zuvor.

Gesellschaftliche und religiöse Perspektivenwechsel

Bis in die 1960er Jahre konnte dieses kirchliche Familienideal weitgehend durchgehalten werden. Doch mit der fortschreitenden Modernisierung der Gesellschaft wurde die Zustimmung der Katholikinnen und Katholiken zum kompromisslosen Geltungsanspruch des Familienideals immer schwächer:

Die Rolle von Frauen wurde in der modernen Gesellschaft neu bewertet. Emanzipationsbewegungen veränderten das Bild der Frau und schufen Alternativen zur Festlegung auf Kinder, Küche und Kirche. Frauen bekamen Zugang zu Wissen, zu Ausbildung und zu Berufen, die ihnen vorher verwehrt waren. Sie konnten ein eigenes Gehalt erwirtschaften und sich damit neue Freiheitsräume erschliessen. Das blieb nicht ohne Konsequenzen für die Realität in Familien. Väter mussten lernen, mehr Verantwortung zu übernehmen. Auch sie mussten sich von alten Rollenbildern emanzipieren.

Mit der Verbreitung der Pille wurden ebenfalls fundamentale Veränderungen sichtbar: Die Thematisierung von Sexualität ging weit über die bis dahin dominante Frage der Zeugung hinaus. Sexualität und Fortpflanzung konnten gewissermassen getrennt voneinander betrachtet werden. Sexualität bekam auch bei katholischen Paaren eine neue Bedeutung und personale Qualität, die zuvor weniger Gewicht hatte. Nicht zuletzt wurde und wird Sexualität auch ausserhalb der Ehe gesucht und erlebt. Die Ehe als exklusiver Ort sexueller Beziehungen ist gesellschaftlich längst obsolet. Mit der Entkoppelung der Sexualität von der Ehe wurden nicht zuletzt auch alternative Spielarten der Sexualität entdeckt und gesellschaftsfähig – und damit wiederum auch neue Beziehungsformen und Partnerschaftsmodelle.

Fundamental dürfte sich schliesslich ein Wandel hinsichtlich der zentralen Werte auswirken, die die Ehe ausmachen. Bis weit ins 20. Jahrhundert hinein war die katholische Ehe vor allem ein Rechtsinstitut, das die lebenslängliche Verbindung eines Mannes und einer Frau und den Zweck der Ausübung der Sexualität und Fortpflanzung regelte und absicherte. Religiöse bzw. kirchliche Traditionen garantierten weitgehend den Gehorsam gegenüber den Regeln dieses Eheverständnisses. Erst mit dem Zweiten Vatikanischen Konzil wurde das katholische Eheverständnis insofern erweitert, als nun auch die personale Dimension der ehelichen Beziehung, der gemeinsame Lebensweg eines Paares und die Bedeutung der je individuell beteiligten Personen stärker berücksichtigt werden konnten.

Genau dieser wertschätzende Blick auf die konkreten Menschen und ihre höchst individuellen Erwartungen an eine eheliche Beziehung führte schliesslich auch dazu, dass das Scheitern von ehelichen Beziehungen besser verstanden und gesellschaftlich akzeptiert wurde. Warum sollte man einer Ehe als Rechtsinstitut die

Treue halten, wenn die menschlichen Grundlagen dazu nicht mehr bestanden? Seit den 1970er Jahren lässt sich eine Entskandalisierung von Ehescheidungen beobachten. Heute steht beim Blick auf eine Ehescheidung viel weniger die Empörung über Untreue oder Missachtung des rechtlichen Ehebundes im Zentrum als das Mitgefühl mit Menschen, deren persönliche Erwartungen und Hoffnungen an eine Beziehung sich nicht erfüllt haben. Nicht die Frage des Gehorsams gegenüber dem Rechtsinstitut der Ehe, sondern der Wunsch nach einem erfüllten Leben prägt die üblich gewordene Bewertung von Ehescheidungen. Ehescheidungen gelten damit auch heute keineswegs als unproblematisch oder beliebig. Allerdings hat sich der Blickwinkel, von dem aus auf Scheidungen geschaut wird, deutlich verändert.

Verbunden mit der heutigen spätmodernen Hochschätzung der individuellen Bedeutung von Partnerschaften, Ehen und Familien ist nicht zuletzt ein Trend zur Privatisierung und Intimisierung. Dazu kommt eine gesteigerte Erwartung an die emotionale Qualität von Partnerschaft, Ehe und Familie. Nicht selten muss die eigene Beziehung oder Familie gefühlsmässige Defizite in anderen Lebensbereichen ausgleichen. Partnerschaft, Ehe und Familie haben also einerseits an Stabilisierung durch die Gesellschaft verloren, und andererseits werden an sie durch die heutige Gesellschaft immer grössere Erwartungen gerichtet. Die damit verbundene Leistungs-anforderung an eine Ehe wird durch die gestiegene Lebenserwartung zusätzlich erhöht. Heute sind fünfzig oder sechzig Jahre für einen gemeinsamen ehelichen Weg keine ungewöhnliche Aussicht. Die Familienphase stellt in dieser Zeitspanne nur einen kleineren Abschnitt von gut zwanzig Jahren dar.

Diesen komplexen Herausforderungen begegnen die Menschen höchst individuell. Jeder und jede lebt Beziehung und Familie anders. Die konkreten Erwartungen der Menschen sind unterschiedlich, und tragende Orientierungshilfen, die für alle verbindlich wären, gibt es kaum noch. Dementsprechend muss jedes Paar und muss jede Familie ihren eigenen Weg suchen. Das Leben ohne den Halt in festen Traditionen kann anstrengend sein. Partnerschaft und Ehe sind mittlerweile zu biografischen Höchstleistungs-Projekten geworden, bei denen die beteiligten Personen mehr denn je auf sich alleine gestellt sind – im Gelingen wie im Scheitern.

Nicht zuletzt gilt dies auch für diejenigen Mütter oder Väter, die ihre Kinder allein erziehen. Einelternfamilien sind in vielerlei Hinsicht mit Anforderungen und Erwartungen konfrontiert, die kaum zu befriedigen sind. Gerade hier dürfte auch deutlich werden, dass es zum Gelingen von Familie mehr braucht als die unmittelbar daran beteiligten Personen und deren konstruktives Zusammenspiel. Freundschaften, Patenschaften, Verwandtschaftsbeziehungen, helfende soziale Netzwerke, eine von der Gesellschaft mitgetragene Infrastruktur für Beratung, Erziehung, Versorgung und Absicherung sind ebenso wichtig. Keine Familie ist eine insulare Wirklichkeit für sich, abgekapselt von der Welt, in der sie lebt. Hier ist die Gesellschaft gefordert, zeitgemässe und der Familienvielfalt entsprechende Angebote zur Verfügung zu stellen und zu fördern, die zum Gelingen von Familien in ihren unterschiedlichen Facetten beitragen. Genau bei der Beantwortung dieser Herausforderung brechen gegenwärtig in der Gesellschaft zahlreiche Konflikte über Familienmodelle und privilegierte Beziehungs- und Familienformen auf. Familienvielfalt bleibt ein Dauerthema.

Familienvielfalt als Überforderung der Kirche?

Mit diesen grossen gesellschaftlichen Veränderungen konnte die Kirche bislang kaum Schritt halten. Aus der Sicht vieler Menschen macht sie den Eindruck, der Vergangenheit eher verpflichtet zu sein als den Menschen von heute. Unverständnis über die offiziellen Positionen, Lehraussagen und Moralvorstellungen der Kirche ist die Folge. Es gibt heute kaum einen Bereich im Leben der Menschen, bei dem die Distanzierung von kirchlichen Vorgaben und Normen so massiv eingetreten ist wie in den Bereichen von Partnerschaft, Beziehung, Sexualität, Ehe und Familie.

Der Bruch zwischen kirchlichem Ehe- und Familienideal samt seinen Vorschriften und Verboten einerseits und der Vielfalt von Beziehungs- und Familienformen andererseits vollzog sich verstärkt seit den 1960er Jahren. Der Rückgang der Beichtpraxis ist das deutlichste Merkmal des Abrückens der Menschen von kirchlichen Geboten: Auch treuste Kirchgänger und Kirchgängerinnen verweigern sich grossmehrheitlich der als unangemessen erlebten Kontrolle ihrer Sexualität und ihres Familienlebens in der Beichte. Das Beichtsakrament dürfte zu einem grossen Teil an der kirchenoffiziellen Fixierung auf nicht mehr akzeptierte Gebote für den Bereich des Privat- und Intimlebens gescheitert sein. Aktuell lässt sich eine vergleichbare Tendenz für das Ehesakrament beobachten. Es scheint, dass die mit dem Ehesakrament verknüpften kirchlichen Deutungsangebote, so wie sie von den Menschen wahrgenommen werden, kaum mehr die Sinn-Herausforderungen der Ehepaare treffen. Nicht einmal ein Drittel zivilgetrauter katholischer Ehepaare lässt sich heute noch kirchlich trauen. Ist nur ein Partner katholisch, sinkt die Wahrscheinlichkeit einer kirchlichen Trauung in der katholischen Kirche auf ein gutes Fünftel. Damit ist neben der Beichte auch das Ehesakrament auf dem Weg, zu einem Nischensakrament zu werden, vielleicht sogar zu einem Relikt der Kirchengeschichte? Die Tatsache, dass viele Gläubige die kirchlichen Vorgaben für Sexualität, Beziehung, Ehe und Familie nicht mehr akzeptieren, zieht eine Distanzierung und

Entfremdung von den Sakramenten der Kirche nach sich, die die Kirche nicht kalt lassen kann. Die Kirche droht beim Thema Familie handlungs- und kommunikationsunfähig zu werden.

Wege aus der Sackgasse finden

Familienfragen spielen sowohl für das Wohl und Wehe der Kirche als auch für deren Bedeutung für die Menschen eine sehr grosse Rolle. Kein Wunder, dass alle Päpste der letzten fünfzig Jahre diese Themen in den Vordergrund gestellt haben. Auch Papst Franziskus widmet gleich zwei Bischofssynoden dem Familienthema. Ganz neu – und deutlich anders als seine Vorgänger – bezieht er aber die Gläubigen weltweit in das Nachdenken der Kirche mit ein. Die Ergebnisse der weltweit durchgeführten Umfragen lassen an Deutlichkeit nichts zu wünschen übrig. Zwar gibt es regionale Unterschiede und kulturell je anders gelagerte Probleme, Sichtweisen und Herausforderungen – aber ein gewisses Unbehagen an einem zu engen Bild von Familie, das der weltweiten Vielfalt der Familienrealitäten nicht gerecht wird, ist in der katholischen Weltkirche breit verankert.

In der Schweiz haben sich an der Pastoralumfrage Ende 2013 im Vorfeld der ersten Familiensynode unter Papst Franziskus mehr als 25 000 Menschen beteiligt. Diese Personen, die insgesamt eine grosse Nähe zur katholischen Kirche haben, äussern sich bei aller Sympathie für die Kirche doch kritisch gegenüber den kirchlichen Normen zu Partnerschaft, Ehe und Familie. Der veränderte gesellschaftliche Blickwinkel auf Partnerschaft, Ehe und Familie schlägt sich in den Ergebnissen der Umfrage stark nieder:

Die Nichtzulassung von wiederverheirateten Geschiedenen zu den Sakramenten findet bei der übergrossen Mehrheit der Gläubigen keine Zustimmung. Im Gegenteil: Fast 90 Prozent befürworten eine kirchliche Anerkennung und Segnung einer neuen Partnerschaft.

Voreheliches Zusammenleben wird von den allermeisten Gläubigen als Selbstverständlichkeit gesehen, und selbst die Anerkennung und Segnung gleichgeschlechtlicher Partnerschaften ist noch für eine Mehrheit der Antwortenden vorstellbar. Kurz: Die Gläubigen haben längst Ja gesagt zur Familienvielfalt, zu den unterschiedlichen Formen, in denen Menschen ihre jeweilige Familien-Heimat gestalten.

Aber: Die Umfrage hat nicht nur Distanz zu kirchlichen Positionen gegenüber Ehe und Familie gezeigt. Sehr deutlich kam zum Ausdruck, dass die Umfrageteilnehmenden ein hohes Interesse an einer kirchlichen Rückbindung, Wertschätzung und Segnung für ihre Beziehungen und Familien wünschen. Keineswegs wird also Familienvielfalt nur in Distanz zu Kirche und Religion gelebt. Vielmehr ist es vielen Katholikinnen und Katholiken wichtig, ihre Partnerschafts- und Familienwirklichkeit religiös zu verankern und insbesondere den Kindern eine religiöse und kirchliche Bindung zu ermöglichen. Dabei zeigt sich hinsichtlich der konkreten Formen, die gewählt werden, eine grosse Vielfalt. Jedes Paar und jede Familie ist anders. Nähe und Distanz zum kirchlichen Leben werden sehr unterschiedlich gestaltet – oft schon quer durch eine einzelne Familie.

Stärken der Familienvielfalt in der Kirche nutzen

Seelsorgliche oder pastorale Angebote für Paare und Familien müssen diesem breiten Spektrum an Erwartungen Rechnung tragen. Eigentlich käme es da der Kirche zugute, dass viele Seelsorgende selbst in unterschiedlichen Formen von Beziehungen und Familien leben. Die Familienvielfalt kommt nicht von aussen auf die Kirche zu – sie ist bis hin zum Kirchenpersonal längst eine binnenkirchliche Realität – nur darf das nicht immer so deutlich gesagt werden …

Bei der Suche nach Familien, die sich für dieses Buch porträtieren lassen wollten, scheiterten wir mehrfach an einer unüberwindbaren Hürde: Familienvielfalt bei Seelsorgerinnen und Seelsorgern ist ein Tabu. Die kirchliche Öffentlichkeit erlaubt bislang kein Abweichen von der offiziellen Norm, wenn Seelsorgende nicht den Arbeitsauftrag, die «missio», ihres Bischofs verlieren wollen. Was es nicht geben darf, bleibt daher besser unsichtbar. Die Kirche steht hier vor unerledigten Hausaufgaben. Sie wird sich jedoch ihrer eigenen inneren Vielfalt stellen müssen. Tut sie es nicht, droht sie Gefahr zu laufen, ausgerechnet in Beziehungs- und Familienfragen zu verstummen. Die Kirche läuft nicht zuletzt Gefahr, damit gerade diejenigen Kompetenzen zu verlieren, die heute im Blick auf eine religiöse Begleitung von Partnerschaften, Ehen und Familien dringend gebraucht werden. Die super-maximalen Erwartungen an heutige Beziehungen und Familien rufen geradezu nach einer Seelsorge, die dieser masslosen Überidealisierung und Überbeanspruchung Grenzen setzt und lebbare Perspektiven im Hier und Jetzt aufzeigt. Dabei ginge es nicht darum, den Blick in den Himmel zu vergessen, sondern darum, den Blick in den Himmel als immer neue Ermutigung zu begreifen und nicht als Blick in die Sackgasse für das eigene Leben. Seelsorgende mit eigenen Erfahrungen der Familienvielfalt, mit ihren Brüchen, Krisen und Neuanfängen, haben nicht selten wichtige Kompetenzen, die es braucht, um glaubwürdige kirchliche Begleiterinnen und Begleiter von Menschen zu sein, für die Partnerschaft, Ehe und Familie zugleich höchstbedeutsame und prekäre Orte geworden sind. Religion und

Glaube können nicht zuletzt durch diese Seelsorgenden als Ressourcen ins Spiel gebracht werden und müssen nicht gegenüber den Wirklichkeiten der Familienvielfalt verstummen.

Nicht stumm bleiben

Nicht stumm bleiben – so könnte man die Absicht des Buches und der folgenden Portraits, Gesprächsprotokolle und Interviews zusammenfassen. Familienvielfalt ist längst ein Faktum in der katholischen Kirche. Die hier skizzierten Portraits deuten die lebendige und durchaus kirchliche Vielfalt nur an. Die allermeisten Seelsorgerinnen und Seelsorger wissen um diese Vielfalt und suchen schon lange nach passenden pastoralen Wegen. Theologinnen und Theologen machen Sprechversuche für eine neue Theologie im Blick auf Beziehung, Ehe und Familie. Dabei geht es auch um Experimente. Pastorale Arbeit, die der heutigen Dynamik der Familienvielfalt entsprechen möchte, muss sich auf diese Dynamik einlassen – und sie muss auch mit Schrammen und Beulen umgehen lernen, um die schönen Facetten unterschiedlicher Familienformen zu entdecken. Erst von hier aus wird sie dann auch in der Lage sein, den Glauben an Gott inmitten der heutigen Familienvielfalt überraschend in Erinnerung zu rufen.

MEIN LEBEN MUSS FÜR MICH STIMMEN, NICHT FÜR DIE KIRCHE

Ein Familienporträt von Christina Caprez

Andrea ist 25, als sie ganz in Weiss vor dem Altar ihrem Mann die ewige Treue verspricht. Doch die Ehe hält nicht lange. Heute ist Andrea mit einem Reformierten verheiratet und hat mit ihm zwei Töchter – mit dem Segen des katholischen Priesters. Die ganze Familie engagiert sich in der katholischen Kirchgemeinde.

Es ist eine Märchenhochzeit. Die Kirchenbänke sind voll, die Gesichter erwartungsfroh gespannt, als die Braut den Raum betritt und im weissen Kleid am Arm ihres Vaters zum Altar schreitet. Dort lüftet der Bräutigam den Schleier. In einer feierlichen Zeremonie geben sich Frau und Mann das Jawort. Seit sechs Jahren sind sie ein Paar, nun wollen sie ihre Liebe vor Gott besiegeln. Vor der Kirche lassen sie zwei Tauben fliegen, dann werden sie im weissen Rolls Royce zum Hochzeitsessen kutschiert.

Zweieinhalb Jahre später ist alles anders. Die grosse Liebe ist erloschen, Andrea und ihr Mann merken, dass sie das Leben ganz un-terschiedlich sehen – und lassen sich scheiden. Die Scheidung vor den zivilen Behörden geht problemlos vonstatten, man trennt sich «mit Schmerzen, aber freundschaftlich». Dass sie in den Augen der katholischen Kirche immer noch als verheiratet gilt, stört Andrea zu diesem Zeitpunkt wenig. Sie ist zwar katholisch aufgewachsen und fühlt sich der Kirche verbunden. Was ihre Lebensführung angeht, hört sie aber lieber auf die eigene Intuition als auf religiöse Regeln. Die kirchliche Hochzeit – streng katholisch mit Eheversprechen und Kommunion – war, so findet Andrea heute, ohnehin eher ein Wunsch der Schwiegermutter.

Andrea: Beim Ehegelübde, dem vorbereitenden Gespräch mit dem Priester, mussten wir sehr persönliche Fragen beantworten, etwa: «Sind Sie freiwillig hier?» Das fand ich seltsam. Natürlich heirate ich freiwillig! Oder: «Wollen Sie Kinder?» Ich fand, das gehe den Priester nichts an.

Die Scheidung empfindet Andrea als persönliche Niederlage – die Haltung der katholischen Kirche zu diesem Thema ist für sie zweitrangig. Nach der Trennung geniesst sie erst einmal das Leben. Bis sie mit 32 Markus kennenlernt. Auch bei dieser Beziehung spielen die Schwiegereltern eine zentrale Rolle. Andrea arbeitet bei der EMPA in St. Gallen, wo Markus' Eltern als Hausmeister angestellt sind. Man trifft sich ab und zu in der Betriebskantine und kommt miteinander ins Gespräch.

Markus: Meine Eltern hatten sofort einen guten Eindruck von Andrea. Sie erzählten mir immer von dieser lieben, tollen Frau, mit der man so gut diskutieren könne.

Andrea: Seine Eltern haben uns praktisch miteinander verkuppelt.

Markus: Es war aber gar nicht so einfach, an Andreas Telefonnummer zu kommen. Ich wusste nicht, wie sich ihr Nachname schreibt. Und meine Eltern nach ihrem Kontakt zu fragen, dazu war ich zu stolz.

Ich wollte, dass mir die katholische Kirche trotz meiner Scheidung die Hand gibt.

Andrea

Schliesslich gelingt es Markus doch noch, ein Date mit Andrea zu bekommen. Und dann geht alles sehr schnell: Im März das erste Rendezvous, im Juni ist Tochter Joana unterwegs. Andrea und Markus beschliessen zu heiraten. Die Frage ist nur: wie und wo?

Für eine katholische Hochzeit müsste Andrea ihre erste Ehe annullieren lassen. Doch das Verfahren dazu erscheint ihr aussichtslos und findet sie scheinheilig.

Andrea: Je prominenter, desto eher kann annulliert werden. Wer sich den besseren Anwalt leisten kann, kann sich schneller aus der Affäre ziehen. Da stimmt doch etwas nicht.

Markus: Hinter einer Scheidung steckt ein zwischenmenschliches Problem und kein Formfehler bei der Eheschliessung. Man müsste das Eheband durchschneiden können, wenn's in der Beziehung nicht mehr stimmt.

Andrea: Einen Freibrief darf es aber auch nicht geben. Man soll nicht zehnmal in der katholischen Kirche heiraten dürfen.

Markus: Natürlich nicht. Aber man könnte Scheidungen zulassen, wenn sie gut begründet sind. Nicht immer nur pauschal sagen: Nein, das geht nicht.

Lange diskutieren die beiden über eine Hochzeit in einer reformierten Kirche, zusätzlich zur zivilen Trauung. Markus ist reformiert, Andrea kann sich vorstellen, in «seiner» Kirche zu heiraten. Er lehnt das schliesslich ab. Nur weil die katholische Kirche ihnen nicht entgegenkomme, wolle er nicht auf die reformierte ausweichen, findet er: «Das wäre heuchlerisch.» Zumal beide sich einig sind, dass die Kinder katholisch getauft werden sollen – schlicht, weil die Mutter ihnen im Alltag näher sein wird. Schliesslich finden Andrea und Markus einen Weg, doch noch kirchlichen Schutz für ihre junge Familie zu bekommen: Sie feiern die Taufe als grosses Familienfest, quasi als Ersatz für die kirchliche Hochzeit. Und bitten den Priester, während der Taufzeremonie für die erste Tochter gleich noch einen Familiensegen zu sprechen.

Markus: Zuerst hatte der Priester Mühe mit der Idee, unsere Familie zu segnen. Schliesslich waren wir nicht kirchlich getraut. Dann sagte er, es sei zwar eigentlich nicht mit seinem Glauben vereinbar, aber er wolle uns diesen Wunsch erfüllen.

Andrea: Uns war der richtige Startschuss für unsere Familie wichtig.

Markus: Wie das Fundament, auf das ein Haus gebaut wird.

Andrea: Ich wollte auch, dass mir die katholische Kirche trotz meiner Scheidung die Hand gibt.

In den Augen der katholischen Kirche war Andrea durch ihre Beziehung zu Markus zur Sünderin geworden. Bei der ersten Trauung hatte man ihr gesagt, dass ihre Ehedokumente in der Kirche eingemauert würden. Diese Vorstellung beschäftigt sie bis heute. «Wie im Mittelalter» sei das. Zum Zeitpunkt ihrer zweiten Hochzeit machte der damalige Churer Bischof Wolfgang Haas gerade Schlagzeilen mit seiner Verurteilung Geschiedener. Als «Menschen zweiter Klasse» habe er Frauen und Männer wie sie dargestellt, sagt Andrea. Damals sei sie drauf und dran gewesen, aus der Kirche auszutreten.

Heute regen sich Andrea und Markus über die Botschaften aus Rom und Chur nicht mehr so auf wie früher. Zumal sie den für sie zuständigen St. Galler Bischof Markus Büchel als weltoffenen Menschen erleben, der auch mal mit den Leuten ein Bier trinkt und eine Bratwurst isst. Ohnehin hören Andrea und Markus in Lebensfragen auf ihr eigenes Gewissen. Und das sagt ihnen, dass sie trotz ihrem Status als geschiedene Frau und nicht-katholischer Mann christlicher leben als viele andere. Statt am engen kirchlichen Familienbild orientieren sie sich lieber an christlichen Grundwerten: Nächstenliebe, Vertrauen, Ehrlichkeit, Respekt. Und Gastfreundschaft.

Die Leute hier an der Basis zeigen,
dass eine andere Kirche möglich ist.
Wir wollten sie nicht mit einem Austritt strafen.
Markus

Als Sünderin fühlt sich Andrea jedenfalls nicht: «Mein Leben muss für mich stimmen und nicht für die Kirche». Mit dieser Haltung fühlt sie sich in der Kirchgemeinde an ihrem Wohnort – einem Dorf mit 4000 Einwohnern im Kanton St. Gallen – durchaus aufgehoben. Auch die Pastoralassistentin macht keinen Unterschied, ob jemand verheiratet oder geschieden, katholisch oder reformiert ist. Dass Andrea und Markus an der Kommunion teilnehmen, ist selbstverständlich. Einmal stand Andrea direkt hinter einem Kind. Die Pastoralassistentin sagte dem Kind: «Du darfst noch nicht» – schaute auf, sah Andreas erschrecktes Gesicht und meinte sofort: «Du bist aber nicht gemeint! Natürlich darfst du!» Über solche Situationen lacht man dann gemeinsam. Ein Austritt aus der Kirche ist für Andrea deshalb heute kein Thema mehr.

Markus: Die Leute hier an der Basis geben sich echt Mühe. Sie zeigen, dass eine andere Kirche möglich ist. Wir wollten sie nicht mit einem Austritt strafen. Und dem Bischof in Chur ist es egal, wenn wir austreten. Im Gegenteil: Er wäre froh, wenn Menschen wie wir nicht mehr dabei sind.

Darum überlegt sich Markus nun das Gegenteil: als Reformierter zum Katholizismus zu konvertieren.

Markus: Wenn ich beitrete, bin ich einer mehr, der in diese Richtung mitdenkt und mitwirkt. Ich finde es falsch, wenn die Leute austreten, weil ihnen die Kirche nicht passt. Mit einem Austritt verändert man nichts.

Andrea: Unter dem Strich würden wir mit einem Austritt die Kinder strafen. Denn sie profitieren von den Einrichtungen der Kirche, etwa der Jugendarbeit von Jungwacht und Blauring.

Für die Eltern ist die Kirchgemeinde vor allem als Ort der Familienspiritualität wichtig. Die Erstkommunionsfeiern ihrer Töchter – auf Joana folgte drei Jahre später Moesha – erlebten sie als eindrückliche Neudeutung einer katholischen Tradition. Etwa die Beichte vor der Erstkommunion: Anstelle eines «Verhörs», wie es Andrea noch als Kind erlebt hatte, wurden die Familien zu einem gemeinsamen Treffen eingeladen. Jedes Familienmitglied schrieb auf einen Stein, was im Alltag gut lief und was verändert werden sollte – Eltern und Kinder hinterfragten das eigene Verhalten selbstkritisch, aber wohlwollend.

In die regulären Sonntagsgottesdienste gehen Andrea und Markus hingegen kaum. Auch Weihnachten ist für sie ein Familienfest, das sie zu Hause feiern und nicht in der Kirche. Dafür reisen sie in der Adventszeit regelmässig zum Sammel-Event «Jeder Rappen zählt» des Schweizer Radios. Da stellen die Reporter in verschiedenen Städten ihre Glasboxen auf, mobile Studios, in denen sie für einen guten Zweck sammeln. Dazu gibt es Benefiz-Konzerte, Raclette und Glühwein. Vor den Boxen bilden die Spendewilligen jeweils eine lange Schlange. Manche harren zwei Stunden in der Kälte aus, bis sie ihren Obolus abliefern können. Auch Andrea, Markus, Joana und Moesha.

Markus: Das Warten macht einem nichts aus, denn man redet mit allen rundherum. Friedlicher geht's nicht. Das ist unser Ritual in der Vorweihnachtszeit.

Andrea: Es ist ein beseelter Anlass. Die Stimmung auf dem Platz ist richtig heilig. Helfen ist doch sinnvoller als Rosenkranzbeten.

In der Kirchgemeinde engagieren sich Andrea und Markus, wenn ein spezieller Familienanlass ansteht. Sie helfen bei Kinderfeiern und Rorate-Gottesdiensten mit, Andrea assistiert beim ausserschulischen Religionsunterricht, Markus veranstaltet Vater-Kind-Wochenenden. Seine Konfessionszugehörigkeit war dabei nie ein Thema – auch nicht, als er bei der Firmung des Nachbarbuben Götti wurde. In der reformierten Kirche war Markus seit seiner Heirat mit Andrea nur noch zu Beerdigungen. Die katholischen Messen sagen ihm mehr zu: Der Ablauf aus Bibellesung, kurzer Interpretation, Gebet, Gesang und Kollekte gefällt ihm. Das Wiederkehrende hat für ihn etwas Feierliches, und das vermisst er im reformierten Gottesdienst. Überhaupt seien alle Religionen – ob Christentum, Judentum oder Islam – sich ähnlich, findet Markus. Allen gemeinsam sei die gute Grundidee. Nur an der Umsetzung hapere es bei allen: «Darum muss man versuchen mitzugestalten».

Beide, Andrea und Markus, sind religiös sozialisiert. Beiden haben die Eltern aber auch eine kritische Distanz zur Kirche mitgegeben. Andreas Mutter ist reformiert aufgewachsen. Als sie, noch ledig, von einem Katholiken ein Kind erwartete, musste sie konvertieren. Eltern und Schwiegereltern blieben der Hochzeit fern. Diese Kränkung war immer wieder Thema in Andreas Kindheit. Markus wiederum wurde von seinen Eltern in den reformierten Glauben eingeführt. Als der Pfarrer jedoch verlangte, die Konfirmanden müssten regelmäs-

sig den Gottesdienst besuchen, ging das der Mutter zu weit. Sie entschuldigte ihren Sohn kurzerhand mit «Familienaktivitäten». Der konservative Pfarrer lud sie daraufhin zu einem Gespräch ein, doch sie blieb dabei: Der Gottesdienst mitten am Sonntag verhindere die Pflege des Familienlebens, und das könne ja wohl nicht im Sinn der Kirche sein. «Ich bin dann doch konfirmiert worden», bemerkt Markus lapidar. Das kritische Selbstbewusstsein kirchlichen Instanzen gegenüber ist ihm geblieben.

Ich finde es voll unfair, dass ihr nicht kirchlich heiraten dürft.
Ihr seid doch ganz normale Menschen wie alle andern auch!

Moesha (11)

Über dem Erzählen am Tisch des lichtdurchfluteten Wohnzimmers ist es Mittag geworden. Andrea setzt eine Gemüsesuppe mit Wienerli auf. Markus ruft die vierzehnjährige Joana und die elfjährige Moesha zu Tisch. Die beiden, das merkt man schnell, sind gewohnt mitzudenken und mitzureden.

Moesha: Ich finde es voll unfair, dass ihr nicht kirchlich heiraten dürft. Ihr seid doch ganz normale Menschen wie alle andern auch! Könnt ihr nicht einfach das Papier der ersten Ehe verbrennen?

Joana: Da musst du zum Papst gehen, und der muss das quasi bewilligen.

Die Kirchenmenschen können doch gar nicht wissen, ob Gott das so wollte oder nicht.

Moesha (11)

Andrea: Mein Eheversprechen liegt einbetoniert in den Kirchenmauern.

Joana: Gehen wir dort einbrechen!

Moesha: Die Kirchenmenschen können doch gar nicht wissen, ob Gott das so wollte oder nicht.

Nach dem Mittagessen wird das Album mit den Fotos von Andreas Gottenmaitli geholt. Eine klassische katholische Hochzeit: die Braut im weissen Kleid, der Bräutigam im Anzug, die Festgemeinde in feierlicher Kleidung auf einer sonnigen Wiese vor der Hochzeitskapelle. Rundherum strahlende Gesichter.

Andrea: Wenn ich dieses Bild anschaue – das ist ein Moment, der an einer zivilen Hochzeit nie so feierlich wäre. Nie.

Markus: Ich habe es aber ganz ähnlich empfunden, als wir aus dem Zivilstandsamt kamen und da 200 Leute standen. Ich kenne es nicht anders.

Joana: Wenn das Gesetz ändern würde und ihr beiden kirchlich heiraten dürftet, würdet ihr das dann?

Andrea: Das haben wir uns gar noch nie überlegt.

Markus: Das könnte ich mir schon vorstellen. In einer intimen Feier, nicht pompös.

Markus steht auf und macht sich und Andrea einen Kaffee. Die beiden setzen sich mit den Kaffeetassen in der Hand vor dem Haus auf eine Bank – ihr gemeinsames Ritual nach jedem Mittagessen. Die Töchter bleiben noch etwas am Tisch sitzen und erzählen, was ihnen die Religion bedeutet. Moesha hat in der Schule sowohl interkonfessionellen Unterricht, an dem auch reformierte Kinder teilnehmen, als auch katholische Religionsstunden. Oberstufenschülerin Joana besucht den ausserschulischen Religionsunterricht und hat dort schon viel erlebt: Gespräche zum Thema Jugendgewalt, Vollmondwanderungen auf dem Jakobsweg, biblisches Kochen – und sogar eine Reise ins ehemalige Konzentrationslager von Dachau.

Joana: Ich habe früher nicht so viel über das Leben nachgedacht, ich habe einfach gelebt. Durch den Religionsunterricht habe ich angefangen, mir andere Fragen zu stellen. Das wäre mir früher nicht in den Sinn gekommen.

Die Geschichten und Erlebnisse aus dem Religionsunterricht bringen die Kinder mit nach Hause und diskutieren sie mit den Eltern am Familientisch. Etwa wie die Welt entstanden ist oder was Glauben bedeutet.

Moesha: Ich kann nicht glauben, dass Gott die Welt erschaffen hat. Und wie will Adam Eva aus seiner Rippe geschnitzt haben?

Er hatte ja kein Messer! Ausserdem gibt es wissenschaftliche Beweise, dass Dinosaurier die ersten Lebewesen waren. Man muss immer logisch denken!

Joana: Ich frage mich: Wenn das Universum irgendwo aufhört, was ist dahinter? Aber dass es nicht aufhört, ist ja irgendwie auch unvorstellbar.

Moesha: Gleichzeitig gibt es schon Dinge, die kein Zufall sein können. Zum Beispiel dass mein Urgrossvater kurz vor meiner Geburt gestorben ist – wie wenn er mir das Leben schenken wollte.

Joana: Ich glaube an Gott. Aber wie soll ich ihn mir vorstellen?

Moesha: Ich stelle mir Gott nicht als riesige Wolke vor, die überall schwebt. Eher wie ein Geistchen, das von Fall zu Fall huscht.

Joana und Moesha beten jeden Abend mit ihrem Vater. Er setzt sich zu jeder Tochter einzeln ans Bett, und dann sagen Vater und Tochter zwei Kindergebete gemeinsam auf. Die Religion hat ihren festen Platz im Alltag der Familie – obschon auch die Töchter sonntags kaum je zur Kirche gehen. Die Messe besuchen sie sporadisch mit dem Religionsunterricht und im Rahmen der Vorbereitungen zur Erstkommunion. Zur Adventszeit organisieren sie als Blauring-Mädchen den ersten frühmorgendlichen Rorate-Gottesdienst mit. Und vor dem Herbstlager gibt es jeweils einen speziellen Lagergottesdienst, bei dem die Eltern um Schutz für ihre Kinder bitten. «Das ist immer ein emotionaler Moment für die ganze Familie, bei dem ich die Tränen zuvorderst habe», sagt Markus.

Wenn Joana und Moesha an ihre eigene Zukunft denken, stellen sie sich vor, dass sie der Kirche verbunden bleiben. Moesha träumt von einer Hochzeit in Weiss und will ihre Kinder dereinst auch katholisch erziehen – auch wenn sie nicht mit allem einverstanden ist, was die Kirche verkündet.

Moesha: Wer sagt eigentlich, dass Jesus keine Frau hatte? Das ist doch nicht bewiesen. Warum sollten die, die den Glauben vertreten, nicht heiraten dürfen?

An Gott glaubst du, und einen Menschen liebst du.
Das ist etwas anderes.

Joana (14)

Joana: Das heisst ja auch, dass Pfarrer nicht geliebt werden dürfen. Dabei ist das doch ziemlich das Wichtigste im Leben. Es würde keine Welt, kein Leben geben, wenn das Zölibat für alle Gläubigen gelten würde.

Andrea: Für die Kirche ist ein Pfarrer halt mit Gott verheiratet.

Joana: Ich finde, das sind zwei verschiedene Dinge. An Gott glaubst du, und einen Menschen liebst du. Das ist etwas anderes.

Den beiden jungen Frauen will auch nicht einleuchten, warum der Papst oder ein Priester den Menschen vorgeben soll, wie sie zu leben haben. Und warum der Papst nicht auch ein junger Mann oder eine Frau sein kann. Schliesslich sei er doch «nur ein Mensch, der von Menschen gewählt wurde». Einer, der nicht mehr wert ist als die anderen Menschen und sich darum auch nicht über sie stellen darf. Die Eltern sehen das ähnlich. Darum haben sie die Wahl von Papst Franziskus mit grossem Interesse verfolgt.

Andrea: Für mich ist er ein Hoffnungsträger. Er will den Armen wirklich helfen. Und man kann mit ihm über Fussball diskutieren. Das zeigt doch: Der steht im Leben.

Markus: Nur schon, dass er nicht in den päpstlichen Wohnungen wohnt. Er will ein Zeichen setzen: Schaut mal, die katholische Kirche geht nicht unter, nur weil ich einer Tradition nicht folge.

Moesha: Dann kann er auch ein grösseres Zeichen setzen: dass die katholischen Pfarrer heiraten dürfen. Und dass man, auch wenn man geschieden ist, wieder heiraten darf.

Markus: Dazu braucht es noch ganz viel Zeit. Aber man kann nur etwas verändern, wenn man sich auf den Weg macht.

Das Zölibat bedeutet ja, dass Pfarrer nicht geliebt werden dürfen. Dabei ist das doch ziemlich das Wichtigste im Leben.

Joana (14)

WIR MUSSTEN ALS BUSSE FÜR VOREHELICHEN SEX EIN PAAR «PAI NOSSO» BETEN

Ein Familienporträt von Heidi Kronenberg

Monica und Sandro sind portugiesisch-schweizerische Doppelbürger. Erst als Schulkinder kamen sie in die Schweiz zu den Eltern, die hier als Saisonniers arbeiteten. Als Kinder besuchten sie mit ihren Familien die «Missão católica portuguesa». Heute ist ihnen ihre deutschsprachige Pfarrei in Luzern viel näher. Die Geschichte einer Emanzipation.

Auf dem Kopf ein Krönchen, in den Händen eine kleine Weltkugel mit Christuskreuz: Keck blickt die sechsjährige Monica in die Kamera. Im bodenlangen weissen Gewand posiert sie als Engel vor einem blumengeschmückten Prozessionswagen. Darauf die Statue der Heiligen Barbara, die durch die engen Gassen des Dorfes Galafura im Norden Portugals gezogen wird. «Santa Bárbara» und «São Leonardo» sind die Kirchenpatrone des Ortes, alljährlich im August werden sie mit einem mehrtägigen Fest gefeiert.

Die heute 30-jährige Monica lächelt beim Anblick der Foto aus Kindertagen: «In Galafura war man einfach katholisch, durch und durch.» Jeden Abend wird in der Dorfkirche die Messe gelesen. Monica erinnert sich an die schwarz gekleideten Frauen, alle mit Kopftuch, die zur Kirche eilen. Die Kinder gehen nur sonntags in den Gottesdienst. «Im Sonntagskleid, versteht sich – extra genäht von der Dorfschneiderin! Die Röckchen der Mädchen bestickt.» Monica besucht als Kind die Messe nicht ungern, denn sie trifft dort ihre Cousinen, Tanten und Onkel. Doch der Priester bleibt ihr fremd. «Der kam aus der Nachbargemeinde, zelebrierte die Messe, und weg war er.» Zu den Menschen im Dorf hatte er keinen Kontakt – ausser im Beichtstuhl. «Das ist doch sehr eigenartig aus heutiger Sicht. In unserer Pfarrei in Luzern kenne ich das ganze Team.»

Monica ist fünf Jahre alt, als die Eltern mit ihrem jüngeren Bruder in die Schweiz ziehen, als Saisonniers in ein grosses Dorf in der Zentralschweiz. Der Vater findet Arbeit als Maler, die Mutter als Putzfrau. Monica bleibt zurück in Galafura, kommt in die Obhut ihrer Grossmutter, einer Witwe. Trotz der einschneidenden Trennung von den Eltern denkt sie gerne an die Zeit in Portugal zurück:

«Grossmami war lieb zu mir. Wir wohnten auf engem Raum, doch hinter dem Haus hatte es ein Gemüsegärtchen, wo ich spielen konnte.»

Heute ist Monica selber Mutter zweier Kinder und verheiratet mit Sandro. Die schweizerisch-portugiesischen Doppelbürger wohnen in einer Fünfzimmerwohnung in Luzern. Monica sitzt am hellen Holztisch im grossen Wohnzimmer. Ein gemütliches graues Sofa dominiert den Raum. Die Kinder spielen in ihren Zimmern. Die vierjährige Eva malt seitengrosse Buchstaben aus. Die sechsjährige Lara demonstriert stolz ihr dreistöckiges, lilafarbenes Barbie-Haus, «mit richtigem Wasser im WC», wie sie betont.

Wenn ich jetzt von meinen Töchtern wegziehen müsste … unvorstellbar.
Sandro

Monica hat als Kind in Portugal kein eigenes Zimmer. Sie teilt gar das Bett mit Grossmutter. «Das war völlig normal, ich kannte nichts anderes.» Und übrigens habe Grossmutter sie abends im Bett beten gelehrt. Das «Pai Nosso», also das «Vaterunser», das «Ave Maria» und das Schutzengelgebet prägen sich ihr ein fürs Leben. Heute noch spricht sie diese drei Gebete – still für sich vor dem Einschlafen. «Anjo da Guarda minha companhia guardai a minha alma de noite

e de dia!» («Schutzengel, mein Begleiter, beschütze meine Seele Tag und Nacht».) Spontan fällt Monica ins Rezitieren.

Eva kommt aus ihrem Zimmer mit dem Malbüchlein und braucht einen Rat. Sie spricht portugiesisch mit Mama. Monica liest die Anweisung aus dem Büchlein vor: «Male alle Felder mit einem Seegrün aus!» Sie lobt ihre Tochter: «Du malst sehr schön.» – «Ich kann auch schon bis sieben zählen», ergänzt Eva stolz: «um, dois, três, quatro, cinco, seis, sete.»

Während Monica aus ihrer Kindheit erzählt, hantiert Sandro in der Küche. Er kocht das Mittagessen. Haus- und Familienarbeit seien nicht bloss ihre Sache, sagt Monica bestimmt: «Sandro packt an, wenn er zuhause ist. Etwas anderes käme für mich gar nicht infrage!» Sandro hat eine Vollzeitstelle als Logistiker, Monica eine Sechzigprozent-Stelle als kaufmännische Angestellte. «Meine Eltern bedauern den armen Mann, der putzen und kochen muss …», sagt sie schmunzelnd und steht vom Tisch auf, um Sandro in der Küche abzulösen. Der übergibt ihr den Kochlöffel mit den nötigen Instruktionen. «Ja, Chef!», quittiert sie lachend. Nun setzt sich Sandro an den Wohnzimmertisch. Monica scherzt hinter der Küchentür: «Er und reden: Das ist nicht so sein Ding!»

Der 34-Jährige erzählt ruhig und konzentriert. Aufgewachsen ist er in Cativelos, einem Dorf im Zentrum Portugals. Als er fünf ist, ziehen die Eltern in die Schweiz, nach Luzern. Sie arbeiten zunächst

beide im Gastgewerbe, später wechselt der Vater in eine Stahlfa-
brik, die Mutter in den Hausdienst eines Spitals. Sandro bleibt in
Portugal, lebt zusammen mit seiner jüngeren Schwester bei den
Grosseltern. Der Abschied von Mutter und Vater sei ihm zwar nicht
leicht gefallen. Aber bestimmt sei die Trennung für die Eltern viel
schlimmer gewesen als für die Kinder. «Wenn ich jetzt von meinen
Töchtern wegziehen müsste … unvorstellbar.» Im Sommer kamen
Sandros Eltern jeweils für drei Monate nach Portugal zurück – wie
es das Saisonnierstatut vorschrieb. Sandro erinnert sich genau,
dass er als Siebenjähriger die Erstkommunion nicht im Frühjahr mit
seinen Schulkameraden zusammen feiern durfte. Er musste bis zum
Sommer warten, damit Mama und Papa mit dabei sein konnten.
«Da war ich schon etwas nervös, als ich als Einziger, sozusagen
als Nachzügler, zur Kommunion schreiten musste.» Notabene in
weisser Hose und roter Krawatte.

Als Achtjähriger kommt Sandro zu seinen Eltern nach Luzern.
Endlich wieder mit Mama und Papa zusammen. Doch die ersten
Monate sind schwierig – in der Schule mit lauter Deutsch sprechen-
den Kindern. «Ich wurde in eine fremde Welt geworfen, verstand
weder die Lehrerin noch die andern Schüler.» Sandro lebt in zwei
Welten. Zuhause wird Portugiesisch gesprochen, auch sonntags
geht's ganz selbstverständlich in den portugiesischen Gottesdienst,
in die «Missão católica portuguesa». Auch dort fühlt er sich nicht
sonderlich wohl. «Ich verstand zwar die Sprache, aber der portugiesische Pfarrer war sehr streng.» Sandro bemüht sich, rasch Deutsch
zu lernen, was ihm auch gelingt, er findet erste Schweizer Freunde.
Schade nur, findet er rückblickend, dass er nie bei der Jungwacht
mitmachen konnte. «Ich habe einfach nichts davon gehört. Vielleicht
weil ich ein Ausländerkind war.» Wichtig für die Integration sei später
gewesen, dass ihn die Eltern in den Ausgang gehen liessen, sinniert
er. «Sie vertrauten mir – und ich setzte ihr Vertrauen nicht aufs Spiel.»
Und wie hatte es Sandro damals mit der Religion? Das wisse er
nicht mehr. «Da hatte ich anderes im Kopf. Klar, Mädchen! Muesch
jetzt nit lose, Monica», ruft er in die Küche.

Zeit fürs Mittagessen. Monica tischt Kartoffelgratin, Crevetten und
Gemüse auf, Sandro ruft Lara und Eva. Man reicht sich die Hände
und betet: «Mir danke dir, Gott, fürs Esse uf em Tisch und wünsche
allne e guete Appetit!» So würden sie das immer tun, sagt Sandro,
«etwas Dankbarkeit gehört sich».

Nach dem Essen erzählt Monica, wie sie mit elf Jahren zu den
Eltern in die Schweiz zieht. Der Abschied von Grossmutter fällt ihr
schwer. Auch die Trennung von den Freundinnen. Sie kommt in
eine «Kleinklasse Deutsch». Zusammen mit türkischen, kroatischen
und italienischen Kindern lernt sie die neue Sprache. Klar, am Anfang habe man mit Händen und Füssen geredet. «Aber schon bald
verstanden wir uns prima, obschon ich zuhause mit den Eltern nur

Portugiesisch sprach.» Sie weiss sich auch sonst zu helfen. Kühn passt die Elfjährige ihren Vornamen der neuen Umgebung an. Getauft ist sie auf den Namen Vera-Monica. In Portugal nannten sie alle Vera. Doch in der Schweiz heisst kein Mädchen so. «Ich wollte keinen exotischen Namen, war ich doch schon fremd genug. Deshalb stellte ich mich fortan konsequent mit Monica vor.»

Immer nur Gott und nochmal Gott.
Religion heisst doch auch, wie man zusammen lebt,
miteinander umgeht.
Monica

Wie Sandros Familie gingen auch Monicas Eltern sonntags mit ihren zwei Kindern in die «Missão católica portuguesa». Aber den Firmunterricht darf Monica in der deutschsprachigen Gemeinde besuchen, zusammen mit ihren Schulkameradinnen. «Das setzte ich bei meinen Eltern durch. Und das war gut so.» Überhaupt beschliesst sie als Fünfzehnjährige, «künftig mehr die Schweizer Kultur zu pflegen», und das heisst eben auch: Abschied von der «Missão católica portuguesa». Dort habe sich ja alles nur um die Messe, das Beichten, die Kommunion gedreht. «Immer nur Gott und nochmal Gott.» Im deutschsprachigen Firmunterricht hingegen arbeitet man in Gruppen – an Themen wie Freundschaft, Beziehungen, Liebe.

«Wir gingen auch mal ein Wochenende weg, in ein Lagerhaus, haben zusammen etwas erlebt.» Hier erfährt sie, dass Kirche mehr ist als Gottesdienst. «Religion heisst doch auch, wie man zusammen lebt, miteinander umgeht.» Sogar über Sexualität spricht man im Firmunterricht. «Genau das hätte es in der portugiesischen Gemeinde nie gegeben. Dort war Sex tabu.» Und noch etwas muss Monica jetzt in Sachen «Missão» loswerden: «Die Leute kamen jeweils total aufgetakelt in die Messe. Ich hatte zunehmend den Eindruck: Die sind da, um ihre Kleider zu zeigen, die andern zu begutachten und über sie zu klatschen. Das hat doch nichts mit Glauben zu tun. Das ist doch bloss ein Sich-Präsentieren.»

Monicas Eltern akzeptieren, dass sich ihre Tochter von der «Missão católica portuguesa» distanziert. Zum Konflikt kommt es aber ab der Pubertät, als sie mit ihren Freundinnen in den Ausgang gehen will. «Da gab's nichts. Das war hart. Gottlob hatte ich wenigstens den Mädchenfussballklub, mit Abendtraining und Wochenendmatch. Das war meine Nische.» Aber in die Disco darf sie nie, bis sie 18 ist. «Und was machte man abends zuhause? Man sass vor dem Fernseher und schaute portugiesische Serien.» Zunehmend stört sich die Pubertierende auch am «altmodischen Frauenbild» ihrer Eltern: dass die Frau an den Herd muss und der Mann in den Ausgang gehen darf, auf ein Bierchen mit Kollegen. «Ich wurde in unserer Familie zur Rebellin.» Ein Aufbegehren mit Nachhaltigkeit:

Monica freut es ungemein, dass auch ihre Mutter unterdessen «nicht mehr alles mitmacht».

Sandro kommt aus der Küche mit Kaffee und setzt sich neben Monica an den Tisch. Sie erinnert sich, wie sie sich kennengelernt haben.

Sandro: Es war in Lausanne, wir waren Zuschauer am Casting für die «Miss Portugal Schweiz»-Wahl.

Monica: Es funkte zwar nicht sofort. Aber ein Interesse war da, wir tauschten die Handy-Nummern aus. Später kamen wir uns näher. Und voilà!

Sandro: Wir haben es gut zusammen, obschon wir eigentlich ziemlich verschieden sind.

Monica: Stimmt. Du bist der Ruhepol – ich die Temperamentvolle.

Sandro: Manchmal fliegen die Fetzen. Aber das bringt uns nicht auseinander. Wichtig ist einfach, dass man auch an den anderen denkt – nicht nur an sich selbst.

Im Sommer 2007 heiraten sie, in Portugal, in Galafura.

Sandro: Bei uns Portugiesen ist es Tradition, dass die Hochzeit im Heimatdorf der Frau stattfindet.

Monica: Das Fest war typisch südländisch, 200 geladene Gäste. Und das Jawort gaben wir uns in der Kirche. Weil ich das so wollte, gell, Sandro. Da konntest du nicht mehr gut Nein sagen!

Sandro (lacht): Ach was, wir beide wollten doch den Segen Gottes für unsere Partnerschaft.

Welche Katholiken leben denn heute noch keusch vor der Ehe?
Monica

Doch dieser Segen hat seinen Preis. Die Brautleute müssen vor dem Hochzeitsgottesdienst beichten gehen, weil sie die Kommunion empfangen wollen. Ohne Beichte keine Kommunion: So haben sie es in Portugal in der Kinderlehre, in der «Catequese», gelernt, und daran halten sie sich bis heute. Zu beichten war, dass sie in der Schweiz bereits zusammen gewohnt und Sex gehabt hatten. «Als Busse mussten wir ein paar zusätzliche ‹Pai Nosso› beten. Damit hatte es sich.» Wenigstens kirchlich – in Monicas Familie hingegen wirft das voreheliche Zusammenleben hohe Wellen.

Monica: Es war ein Skandal: Meine Eltern taten sich schwer damit.

Sandro: Du warst eben die Erste in deiner grossen Verwandtschaft, die mit dem Freund vor der Heirat zusammenzog. Meine Eltern waren diesbezüglich offener.

Monica: Deine Eltern waren immer etwas moderner. Doch ich musste einiges ausstehen. Nicht dass ich ein schlechtes Gewissen hatte. Aber es war hart, von Mama und Papa zu hören: «Denk an unsern Ruf. Was werden all die Verwandten sagen?» Darum ging es ja eigentlich, das war die Angst meiner Eltern.

Sandro: Tempi passati. Du hast in deiner Verwandtschaft das Eis gebrochen.

Monica: Ja, danach zogen alle meine Cousinen mit ihren Freunden zusammen.

Beide, Monica und Sandro, halten die römisch-katholische Lehre in Bezug auf vorehelichen Sex für überholt. «Welche Katholiken leben denn heute noch keusch vor der Ehe? Die Wenigsten», sagen sie unisono. Ähnlich denken sie auch über die künstliche Empfängnisverhütung. Das Verbot der Kirche sei nicht mehr zeitgemäss. «Ich nehme die Pille», sagt Monica freimütig. Dass sie im Widerspruch zur römischen Kirchenlehre leben, stört die beiden nicht. «Das ist für uns kein Thema», so Sandro. «Eheliche Treue» hingegen ist für beide ein hoher Wert. Das heisst? «Nicht fremd gehen», tönt's wie aus einem Mund.

Eine Stunde Gottesdienst ist viel zu lang für ein Kind. Und für mich Stress pur.
Monica

Sandro und Monica haben sich religiös emanzipiert. Doch die traditionelle, portugiesisch geprägte Frömmigkeit ist nicht ganz verschwunden aus ihrer Wohnung. Zwar hängt kein Kruzifix, auch kein Weihwassergeschirr an den Wänden, aber …

Monica: Du hast doch einen Rosenkranz in unserem Schlafzimmer, Sandro.

Sandro: Was habe ich?

Monica: Um Terço, auf Deutsch heisst das Rosenkranz. Einen solchen hast du doch aufgehängt über dem Bett. Und auch eine Madonnenfigur aus Fatima hast du.

Sandro: Stimmt. Den Rosenkranz bete ich zwar nicht. Aber sind wir in Portugal in den Ferien, machen wir immer einen Ausflug zum Wallfahrtsort der Madonna von Fatima.

Monica: Die Leute beten zur Muttergottes – etwa dafür, dass ein krankes Kind wieder gesund wird. Mir tun diese Menschen irgendwie leid. Es ist eindrücklich, aber mir ist das einfach zu viel.

Sandro: Es ist ein Wahnsinnsauflauf dort, das stimmt. Aber ich habe in Fatima auch schon eine dreistündige Messe mitgemacht. Ich fühlte mich dabei nicht unwohl.

Monica: Es ist doch interessant: Ich bin strenger religiös erzogen worden als du. Aber heute hängst du mehr an der Tradition als ich. Gläubiger bist du deswegen aber nicht. Du glaubst einfach ein bisschen anders als ich. Auch ich bin katholisch.

Während Lara und Eva eine Barbie-DVD schauen dürfen, erzählen die Eltern, was sie den Kindern in religiöser Hinsicht mitgeben möchten. «Eigentlich das, was ich bei Grossmami in Portugal gelernt habe», sagt Monica. Die stillen Gebete am Abend zuhause – oder auch mal tagsüber in der leeren Kirche. Leider vernachlässigten sie das Gutenachtgebet mit den Kindern in letzter Zeit, sagt Sandro. Er wirkt nachdenklich: «Ich möchte, dass wir öfters zusammen in den Gottesdienst gehen. Die Kinder sollten die Messe von klein an miterleben.» Der letzte Gottesdienstbesuch liege mehr als ein Jahr zurück, bedauert er. Monica stört das nicht. Sie ist dezidiert anderer Meinung. Am Wohnzimmertisch entzündet sich eine Debatte.

Monica: Unsere Kinder sind noch viel zu klein für die Messe. Die verstehen doch nicht, was der Pfarrer erzählt.

Sandro: Sie verstehen auch nicht, was du mit ihnen betest.

Monica: Doch, ich erkläre es ihnen ja: Betet, dass ihr gesund bleibt, dass es uns gut geht in der Familie. Aber eine Stunde Gottesdienst ist viel zu lang für ein Kind. Und für mich Stress pur. Dauernd die Kinder ermahnen: Seid still! Nein danke.

Sandro: Im Gottesdienst könnten sie lernen, was Religion, was Glaube, wer Gott ist.

Monica: Du willst doch nicht im Ernst behaupten, in der Messe werde das kindgerecht erklärt?

Sandro: Nein, aber es wäre ein Hineinführen der Kinder in den Gottesdienst. Du sagst, sie seien zu jung: Wie alt warst du denn, als du in die Kirche gingst?

Monica: Und – was hatte ich davon? Heute kann ich zwar die ganze Messe auswendig auf Portugiesisch. Aber wozu? Então diz-me o que tu aprendestes na Missa? – Nun sag, was hast du in der Messe gelernt, Sandro?

Sandro: Du denkst zu viel mit dem Kopf. Ich fühle mich einfach geborgen im Gottesdienst.

Monica: Ich denke jeden Tag an Gott, dafür brauche ich keine Messe. Wenn diese aber so wichtig ist für dich, dann geh doch mit den Kindern! Einfach ohne mich! Isch guet, Sandro?

Beide lachen, berühren sich kurz versöhnlich.

Keine Kommunion ohne Beichte.

Sandro

Sandro geht ab und zu alleine in die Messe – in die portugiesische oder in die deutsche. Zur Kommunion aber nicht. Denn dann müsste er ja zuvor beichten gehen. Und dies, so Sandro, hätten sie beide seit der Heirat vor acht Jahren nie mehr getan. «Der Brauch der Beichte ist uns abhanden gekommen.» Zwar wisse er, dass in der Schweiz viele kommunizierten, ohne zuvor gebeichtet zu haben. Aber das gehe für ihn einfach nicht.

Sandro: Keine Kommunion ohne Beichte: Das sitzt bei mir tief, seit meiner ersten Kommunion in Portugal, in Cativelos.

Monica: Ich brauche weder Messe noch Kommunion. Wer sonntags in die Kirche rennt, ist kein besserer Christ.

Sandro: Das weiss ich. Dennoch: Ich ginge gerne mal wieder zur Kommunion. Darum schliesse ich nicht aus, wieder mal zu beichten.

Monica holt einen Prospekt der Stadtluzerner St.-Johannes-Kirche hervor. Zu dieser Pfarrei zählt sich die Familie, die beiden Töchter wurden hier getauft. Der Prospekt informiert über die ökumenische Chinderchile, die regelmässig in der Pfarrei St. Johannes stattfindet. «Ich setze auf diese Karte», sagt sie bestimmt. Rund ums Kirchenjahr biete das Chinderchile-Team Feiern für Mädchen und Buben im Vorschulalter an. Neulich etwa zum Thema Brot. «Die Kinder lernten, dass Brot auf der ganzen Welt gebacken und gegessen wird, dass es die Tradition gibt, ein Brot zu segnen, bevor es aufgeschnitten wird – und dass Brot in der Kirche eine wichtige Bedeutung hat.» Die Chinderchile bringe den Kleinen weit mehr als eine Messe, betont Monica, weil sie dort selber aktiv sein könnten.

Sandro: Es bleibt dabei: In Sachen religiöser Erziehung sind wir nicht ganz gleicher Meinung. Wir müssen uns irgendwo in der Mitte finden.

Monica (lacht): Genau, und der Weg in die Mitte führt in die Chinderchile. Die Chinderchile und das «Anjo da Guarda»: Das ist unser Kompromiss!

Dass Lara und Eva getauft werden, war für beide klar. Die Taufen in der Kirche St. Johannes sind den Eltern in bester Erinnerung. Sie setzten sich mit dem Sinn des Sakraments auseinander und gestalteten die Feier mit. Und vor allem dies: Jedes Kind, das in der Pfarrei St. Johannes getauft wird, erhält einen Taufklangstab, der in der Kirche aufgehängt wird. Lara und Eva lieben diesen Ort. Weil sie ihr persönliches «Taufglöckchen» zum Tönen bringen können. Monica zündet mit den Töchtern in der Kirche jeweils auch eine Kerze an und betet mit ihnen. «Auf Portugiesisch – das ‹Ave Maria›, das ‹Pai Nosso› und natürlich das ‹Anjo da Guarda›, das Schutzengelgebet.»

Die Barbie-DVD ist zu Ende. Sandro will mit den Kindern noch raus an die frische Luft, bevor abends Freunde zu Besuch kommen. Schweizer Freunde, wie Monica betont. «In unserem Bekanntenkreis hat es kaum Portugiesen, irgendwie passen wir nicht mehr zusammen.» Und sie klappt das Fotoalbum mit dem Bild der kleinen Vera-Monica im bodenlangen Engelsgewand zu. Die Erinnerung an Galafura, an ihr Heimatdorf in Portugal, verblasst.

Die Chinderchile und das «Anjo da Guarda»:
Das ist unser Kompromiss!

Monica

ANFANGS WECHSELTEN EHEMALIGE NACHBARN DIE STRASSENSEITE

Ein Familienporträt von Christina Caprez

Jutta war Haus- und Ehefrau, Mutter von drei Kindern und beliebte Volleyballtrainerin in einem Dorf im Aargau. Doch sie und ihr Mann lebten sich auseinander, und Jutta verliebte sich neu – in eine Frau. Heute wohnt sie mit ihr und den Kindern als Regenbogenfamilie im Pfarrhaus.

Kaisten im Fricktal. Gut 2000 Menschen leben hier, die meisten römisch-katholisch. Hoch über dem Dorf thront die Kirche St. Michael, ein spätbarocker Bau aus dem 18. Jahrhundert. Drinnen schaut der gekreuzigte Jesus vom Altar auf die Kirchenbänke. Gleich unterhalb der Kirche, unübersehbar, das Pfarrhaus mit den grünen Fensterläden. Kein repräsentatives Palais wie in manchen grösseren Ortschaften, sondern ein bescheidenes zweistöckiges Gebäude mit niedrigen Decken an der zentralen Dorfstrasse. Drei Buslinien kreuzen hier. Volg, Post und Bank sind nur wenige Schritte entfernt. An der Pfarrhaustür hängt ein selbstgetöpfertes Schild mit den Namen der Bewohnerinnen und Bewohner: Jutta und Inge,

Carmine, Kjetil, Jill, Yannick, Alina. Zwei Frauen, fünf Kinder – von denen allerdings nur noch die beiden jüngsten, der zwanzigjährige Kjetil und die sechzehnjährige Jill, hier wohnen. Jutta, eine drahtig-sportliche Mittvierzigerin mit kurzen grauen Haaren und verschmitztem Lächeln, öffnet die Tür und bittet in die warme Stube. Auf dem Tisch brennen zwei Kerzen, in den Fenstern hängen Strohsterne – aber keine Gardinen. «Am Anfang haben Leute auf dem Trottoir manchmal den Hals gereckt, um zu schauen, wie es bei uns aussieht», schmunzelt Jutta. Gestört habe sie das nie. «Wer reingucken will, soll das tun. Im Sommer haben wir Passanten manchmal auch in unseren Garten eingeladen.» Immer wieder seien Leute stehen geblieben, um die schönen Blumen zu bewundern: «Eine alte Frau freute sich über die Maiglöckchen, die sie selber vor Jahren gesetzt hatte.» Jetzt, im Winter, sind die Blüten weg, und an den Weinreben hängen noch ein paar verdorrte schwarze Trauben. Drinnen, im Wohnzimmer mit dem langen Holztisch und dem ausladenden blauen Sofa, herrscht eine gemütliche Atmosphäre. An diesem Sonntag erwarten Jutta und Inge vier der fünf Kinder zum Raclette-Essen. Auch Juttas Mann, von dem sie seit sieben Jahren getrennt lebt, hat sich angekündigt. Vorerst aber sitzen am Tisch nur die beiden Frauen, Inges Tochter Alina, deren Verlobter Sascha und die Kirchenpflegerin Maria. Gemeinsam erzählen sie, wie die Regenbogenfamilie ins Pfarrhaus kam.

Wir befürchteten, dass die Leute sagen würden:
«Geht's euch eigentlich noch?»
Maria

Maria: Derzeit haben wir einen pensionierten Gemeindeleiter ad interim, der das Pfarrhaus nicht brauchte. Wir von der Kirchenpflege fanden, für das Haus sei es besser, wenn jemand darin wohnt und es in Ordnung hält. Also schrieben wir es zur Vermietung aus.

Jutta: Inge und ich lebten damals mit den Kindern in zwei miteinander verbundenen Neubauwohnungen. Unsere beiden Ältesten waren gerade ausgezogen, der dritte stand auch kurz vor dem Auszug. So suchten wir nach etwas Kleinerem. Als ich die Ausschreibung des Pfarrhauses sah, fragte ich Inge: Was meinst du, sollen wir uns bewerben? Und sie meinte: Naja, ob die uns im katholischen Pfarrhaus wollen ... aber versuchen können wir's ja mal!

Maria: Auf die Ausschreibung meldeten sich ein paar Bewerber aus Basel, die wir nicht kannten. Und Jutta und Inge, die schon lange hier im Dorf leben, von denen wir wussten, dass sie dem Haus gut schauen würden. Ich sagte dann, wir haben niemandem vorzuschreiben, wie er zu leben hat. Ich lebe schliesslich auch nicht nach Rom – wer tut das heute noch, exgüsi? Auch der Gemeindeleiter meinte, er könne da nichts dagegen haben, die beiden Frauen kümmerten sich schliesslich um ihre Kinder – ob Rom das jetzt absegne oder nicht.

Eine Frage beschäftigte die weltoffene Kirchenpflege dennoch: Wie würden die Gemeindemitglieder reagieren? War das Dorf mit seiner langen katholisch-konservativen Tradition reif für ein Frauenpaar im Pfarrhaus?

Maria: Wir befürchteten, dass die Leute sagen würden: «Geht's euch eigentlich noch?» Schon bevor wir den Vertrag mit den beiden Frauen unterschrieben hatten, ging das Gerücht um, dass sie die neuen Mieterinnen sind. An einer Kirchgemeindeversammlung fragte eine Frau ungehalten: «Darf man eigentlich auch wissen, wer jetzt ins Pfarrhaus kommt?» Ich stellte Jutta und Inge dann im Pfarrblatt vor. Damit die Leute wissen, die sind jetzt da. Danach habe ich nie etwas Negatives gehört. In der Fasnachtszeitung stand auch nichts, oder?

Jutta: Doch, doch, im ersten Jahr brachten sie eine Schnitzelbank über uns. Die war aber lustig und nicht verletzend.

Dabei hatten die beiden Frauen durchaus mit kritischen Reaktionen gerechnet. Denn die Kaistener Kirchgemeinde war seit Langem gespalten: in progressive Gläubige und Schwarzkatholiken. Letztere hatten jeweils auch nicht gezögert, dem Bischof nach Solothurn zu schreiben, wenn ein Gemeindeleiter die Tradition aus ihrer Sicht etwas zu frei interpretierte. Die spitze Feder eines konservativen Kaisteners hatte auch Juttas Mutter zu spüren bekommen. Die Deutsche war vor einigen Jahren in der Kirche als Lektorin tätig und bekam regelmässig Drohbriefe von einem anonymen Schreiber, der sie aufforderte, doch zurück «zu den Braunen» zu gehen. «Einmal fand ich meine Mutter in Tränen aufgelöst vor einem Stapel dieser Briefe», erinnert sich Jutta. «Wir haben ihr dann den Rücken gestärkt und ihr gesagt, dass sie sich jetzt auf keinen Fall zurückziehen soll – denn genau das wollte der Briefeschreiber ja bewirken. Der hätte sich die Hände gerieben und bei jemand anderem weiter gemacht.»

Vor diesem Hintergrund waren die Reaktionen auf den Einzug der Regenbogenfamilie ins Pfarrhaus geradezu moderat. Vermutlich hatte sich die Dorfgemeinschaft zu diesem Zeitpunkt schon an das erste offen lebende Frauenpaar gewöhnt. Schliesslich lebten die beiden Mütter mit ihren Kindern aus früheren Ehen damals schon fünf Jahre zusammen. Ganz am Anfang, als Jutta zu Inge gezogen und ihre Liebesbeziehung öffentlich geworden war, habe es allerdings schon negative Reaktionen gegeben, erinnert sich Jutta.

Jutta: Ein ehemaliger Nachbar, den ich von klein auf kannte, wechselte die Strassenseite, wenn er mich kommen sah, und sprach kein Wort mehr mit mir. Auch andere Bekannte gingen auf Distanz. Das tat weh. Schliesslich hatte ich denen nichts zuleide getan. Ich war doch immer noch ich. Ich schwankte zwischen Enttäuschung und Mitleid mit denen, die mit der neuen Situation nicht umgehen konnten.

Irgendwann dachte ich: Ups, was geht da überhaupt ab?
Ich bin viel lieber mit ihr zusammen als mit meinem Mann.

Jutta

Schmerzhafte Erfahrungen, die heute zum Glück passé sind. Nach etwa zwei Jahren grüssten dieselben Leute sie plötzlich wieder, wie wenn nichts gewesen wäre.

Nicht nur für die Bevölkerung war das erste offen gleichgeschlechtliche Paar ein ungewohnter Anblick. Auch Jutta und Inge, die sich bis heute nicht als lesbisch bezeichnen, brauchten eine ganze Weile, um zu merken, dass sie mehr füreinander empfinden als zwei enge Freundinnen. Kennengelernt hatten sich die beiden schon Jahre zuvor. Inge leitete Jutta während eines Praktikums im Spital Laufenburg an. Erst viel später kreuzten sich ihre Wege wieder: Beide hatten mittlerweile eine Familie gegründet, Inge war mit ihrem Mann und den zwei Kindern gerade nach Kaisten gezogen.

Beide steckten damals in einer tiefen Ehekrise. Es ging ihnen wie so vielen Paaren, wenn die Kinder grösser sind und man eigentlich wieder mehr Zeit füreinander hätte: Man hatte sich auseinandergelebt, eine ausereheliche Affäre auf der einen Seite, mehr Interesse für die Arbeit und den Sport als für die eheliche Beziehung auf der anderen Seite waren die Folge. Jutta und Inge, die beide nur in kleinen Pensen erwerbstätig waren, verbrachten viel Zeit miteinander. Die beiden Familien – Eltern wie Kinder – verband auch das Volleyballtraining. Jahrelang blieb es allerdings bei der engen Frauenfreundschaft. Wenn eine in den Ferien war, telefonierten sie regelmässig.

Jutta: Irgendwann dachte ich: «Ups, was geht da überhaupt ab? Ich bin viel lieber mit ihr zusammen als mit meinem Mann. Bei ihr fühle ich mich aufgehoben.»

Ich dachte, irgendetwas ist da anders als zwischen zwei guten Freundinnen. Später haben wir dann festgestellt, dass wir mehr füreinander empfinden.
Inge

Bei einem Skiwochenende des Volleyballclubs ergriff Jutta die Initiative. Die Gruppe sass im Pistenrestaurant auf der Terrasse beim Fondue. Jutta machte dauernd Sprüche. Was sie als Scherz darstellte, meinte sie eigentlich durchaus ernst.

Jutta: Ich konnte alles genau so sagen, wie es war, in der heiteren Stimmung nahm mich niemand ernst.

Inge: Sie flirtete die ganze Zeit mit mir. Wir prosteten einander zu und küssten uns auf den Mund. Die andern Volleyballerinnen meinten nur: «Das machen die Jungen heute alle so!» Auf der Rückfahrt im Bus lehnten wir aneinander und ich dachte, irgendetwas ist da anders als zwischen zwei guten Freundinnen. Später haben wir dann festgestellt, dass wir mehr füreinander empfinden.

Juttas Sohn Kjetil und Inges Sohn Yannick sind mittlerweile an den Familientisch gekommen und folgen dem Gespräch aufmerksam. Sie erinnern sich noch gut an jenen sonnigen Tag im Juni vor sieben Jahren, als die beiden Frauen alle fünf Kinder zum Glacé-Essen nach Säckingen an den Rhein einluden. Jutta war einige Tage zuvor bei Inge eingezogen, ihre Kinder wohnten unter der Woche beim Vater, am Wochenende teilten sie sich mit Juttas Kindern die beiden Schlafzimmer. Inge hatte ihren Kindern gesagt, die Freundin habe Probleme daheim und ziehe vorübergehend zu ihnen. Es war der fünfzehnjährige Carmine, der die Dinge beim

Namen nannte: «Ich weiss, was ihr uns sagen wollt. Dass ihr euch liebt.»

War es für die fünf Kinder, zu jener Zeit zwischen neun und sechzehn Jahre alt, kein Schock, dass die eigene Mutter nun eine Frau liebt? Nein, sagt Alina. Ungewohnt ja, aber kein Schock. Und Kjetil fügt bei: «Es war einfach anders.» Mehr zu schaffen machte den Kindern die Trennung der Eltern. Besonders Juttas Kindern, denn die Mutter hatte das Gefühl der Entfremdung von ihrem Mann lange Jahre für sich behalten. Erst als sie sicher war, dass sie nicht mehr mit ihm zusammenleben wollte, teilte sie das ihrem Mann und den Kindern mit. Die fielen aus allen Wolken. «Ich bin der Typ, der zuerst alles mit sich selber ausmacht. So ticke ich halt», meint Jutta dazu.

Über den Zuwachs an Geschwistern hingegen freuten sich die Kinder. Sie kannten sich schon gut – schliesslich hatten sie jahrelang zusammen Volleyball gespielt. Dass sie nun plötzlich am Wochenende alle auf engem Raum zusammenwohnten und bald auch zwei gemeinsame Wohnungen bezogen, haben die fünf in guter Erinnerung.

Kjetil: Das war interessant.
Alina: Cool war das!
Yannick: Es war eine tolle Zeit.

Trotzdem, hatten die Kinder nicht anfangs Sorge, was ihre Freunde denken würden?

Wenn ich jemanden neu kennenlernte, fragte ich mich: Wie erkläre ich dem jetzt, dass ich quasi zwei Mütter habe?
Alina

Alina: Doch, schon. Wenn ich jemanden neu kennenlernte, fragte ich mich: Wie erkläre ich dem jetzt, dass ich quasi zwei Mütter habe? Wie fasst der das auf?
Yannick: Jene, denen ich das erklärt habe, fanden das alle speziell, aber gut.
Alina: Die sagten sogar: «Das finde ich aber cool!»
Yannick: Genau! Ist ja mega lässig und so.
Alina: Meine besten Freunde hatten kein Problem damit. Es kam aber vor, dass Jungs aus dem Nachbardorf im Postauto einen dummen Spruch fallen liessen. «Hey gell, deine Mutter ist eine Lesbe!» Und ich: «Ja, na und?» Und sie: «Mega strange!» Und ich: «Was interessiert es dich? Komm klar!»

Die ersten Ferien zu siebt verbrachten sie in Ägypten am Meer. Die Bilder vom Tauchen, vom Wasserpfeiferauchen und der Truckfahrt über die Sanddünen haben sich tief ins Gedächtnis eingebrannt. Noch heute schwärmen sie von jener Reise. Nach der anfänglichen Euphorie über das neue Leben in der Grossfamilie stellte sich dann aber bald der Alltag ein. Und mit ihm kamen Reibereien, wie sie in einer Patchworkfamilie, in der zwei Familienkulturen aufeinander treffen, an der Tagesordnung sind. Inge und ihre Kinder legen mehr Wert auf Sauberkeit und Ordnung als Juttas Familie. Yannick, der sich mit den beiden Stiefbrüdern das Bad teilte, störte sich daran, dass diese sich nicht an den Putzplan hielten. Und Alina fand es unmöglich, dass Jutta für ihren Sohn das Abtrocknen übernahm, wenn dieser sich wieder einmal drückte. Auch zwischen den Müttern war die Arbeitsteilung im Haushalt und die Kindererziehung immer wieder Diskussionsthema. «Wenn wir streiten, dann geht es um die Kinder», sagt Jutta. Heute, nachdem drei der fünf ausgezogen sind, habe sich das aber gelegt.

Bis heute ist Jutta und Inge der Glaube wichtig – auch wenn die katholische Kirche ihre Lebensform nicht gutheisst.

Einig waren sich die beiden Mütter, was die religiöse Erziehung ihrer Kinder angeht. Beide Frauen sind katholisch aufgewachsen. In Inges Kindheit in Südholland ging man jeden Sonntag zur Kirche und danach zum Mittagessen zu Oma. Auch für Jutta war der Besuch der Messe am Wochenende Pflicht – entweder am Samstagabend oder am Sonntag früh. Die Predigt erlebte sie als schwer und trocken. «Der Pfarrer konnte die Bibel nicht so vermitteln, dass das Fussvolk

sie hätte aufnehmen können. Irgendeinmal machte ich die Ohren zu und dachte, hoffentlich ist die halbe Stunde bald rum.» Dennoch meldete sich Jutta, als im Dorf endlich auch die Mädchen ministrieren durften. Sie hatte sich immer über Ungleichbehandlung aufgeregt, nicht nur in der Kirche: Etwa dass die Mädchen erst ein Jahr später als die Buben ins Skilager durften, obschon Jutta besser Ski fuhr als mancher Klassenkamerad. Dass sie nun als Ministrantin während der Messe vorne dem Priester assistieren durfte, erfüllte sie mit Stolz. Bis heute ist Jutta und Inge der Glaube wichtig – auch wenn die katholische Kirche ihre Lebensform nicht gutheisst.

Jutta: Was Homosexualität angeht, leben die in Rom noch hinter dem Mond. Es heisst: Liebe deinen Nächsten wie dich selbst. Da spielt es doch überhaupt keine Rolle, ob es Mann oder Frau ist. Und wenn wieder ein Fall bekannt wird, wo Priester Buben oder junge Männer verführt haben, dann frage ich mich schon: Was läuft da? Dann lebt man die gleichgeschlechtliche Liebe lieber offen und unter Erwachsenen.

Doch die Haltung der offiziellen katholischen Kirche beeinflusst die beiden Frauen in ihrem Alltag nicht. Auch beim Empfang der Kommunion war nie Thema, dass Inge geschieden ist und die beiden Frauen als Paar zusammen leben.

Jutta: Was sie in Rom sagen, ist für unser Leben eigentlich wurst, weil wir es einfach leben. Wenn sie hingegen hier in der Kirchgemeinde Homosexualität verurteilen würden, dann würde ich aus der Kirche austreten.

Jutta und Inge haben den Glauben auch ihren Kindern mitgegeben. Inges Kinder ministrierten, Juttas Kinder überlegten es sich – entschieden sich dann aber dagegen, weil sie an den Wochenenden immer mit dem Volleyballclub unterwegs waren. Nur Kjetill liess sich nach der Erstkommunion nicht firmen, weil er keinen Bezug zum damaligen Gemeindeleiter hatte. Ob ein Pfarrer ein Ohr für die Sorgen der Menschen hat, wie gut es ihm gelingt, christliche Werte zeitgemäss zu vermitteln, ob er auf Jugendliche eingehen kann: All das habe einen enormen Einfluss darauf, wie viele Leute sich aktiv am Gemeindeleben beteiligten, ist die Runde am Stubentisch überzeugt. Die 23-jährige Alina hat besonders einen Gemeindeleiter noch in lebhafter Erinnerung – den geschiedenen Pastoralassistenten, der sie auf die Firmung vorbereitet hat. Er habe viel dazu beigetragen, dass sich von ihrem Jahrgang alle firmen liessen.

Alina: Er sagte von Anfang an, er möchte uns nichts aufdrängen. Meine Firmgotte zum Beispiel ist reformiert und etwa gleich alt wie ich. Das geht eigentlich beides nicht in der katholischen Kirche. Er aber fragte nur: Habt ihr euch gern? Und als wir ja sagten, meinte er: Dann ist ja alles in Ordnung.

Bei der Firmreise ins ökumenische Kloster von Taizé ermunterte der Pastoralassistent die Jugendlichen, nur an denjenigen Gruppenstunden teilzunehmen, die sie wirklich interessierten. Und als Alina und ihre Freunde feststellten, dass die Gruppenstunden vorgegebene Themen hatten, sagten sie ihm: «Tut uns leid, aber das ist nichts für uns.» Worauf er sich mit ihnen gesondert traf und über diejenigen Themen diskutierte, die sie bewegten. Was aber hat Alina von ihrem Firmbegleiter in Bezug auf den Glauben mitgenommen?

Alina: Dass Glauben auch viel mit Gemeinschaft und Vertrauen zu tun hat. Er vermittelte uns, was ein friedliches Zusammensein bedeutet. Dass man, auch wenn man jemanden nicht so wahnsinnig mag, einen Kompromiss finden und friedlich eine gewisse Zeit miteinander verbringen kann. Er sagte immer: «Ihr müsst euch ja nicht abküssen, aber redet miteinander.»

Mittlerweile ist Alina aus der Kirche ausgetreten. Aus ganz pragmatischen finanziellen Gründen. Als sie von zu Hause auszog und ihre Rechnungen selber bezahlen musste, entschied sie sich gegen die Mitgliedschaft bei der katholischen Kirche.

Alina: Nach den ganzen Diskussionen mit Rom habe ich mich gefragt: Weiss ich eigentlich, was die Kirche mit meinem Geld macht? Nein, weiss ich nicht. Ausserdem glaube ich nicht so, wie die Kirche es vorschreibt. Ich habe das Gefühl, von Rom wird kommuniziert: «Ihr müsst». Und ich lasse mir nicht gern von jemandem, zu dem ich gar keinen Bezug habe, etwas vorschreiben.

Alina ist verlobt, nächstes Jahr wollen sie und Sascha heiraten. Auch er ist aus der Kirche ausgetreten. Ihr ist es wichtig, dass ihre Kinder dereinst selber wählen können, ob sie «bei einer Kirche mitmachen» wollen. Sie könne ja nicht von sich auf ihre Kinder schliessen. Aber wenn sie bis sechzehn nie mit Religion in Berührung kämen, sei es unwahrscheinlich, dass sie plötzlich einer Kirche beitreten wollten: «Darum würde ich sie eigentlich schon gern taufen lassen und in den Religionsunterricht schicken, bei einer Katechetin, die den Glauben gut vermitteln kann.» Doch weil sie aus der Kirche ausgetreten sind, dürfen Alina und Sascha ihr Kind nicht katholisch taufen lassen. Alina hat gehört, dass die Protestanten da weniger streng sind und alle Kinder zur Taufe zulassen. «Vielleicht wäre das eine Option», denkt sie sich.

Auch die Mütter sind nicht mehr oft in der Kirche anzutreffen. Anfangs sorgten sie sich noch, dass man nach dem Umzug ins Pfarrhaus erwarten würde, sie regelmässig in der Kirche zu sehen. Sie hatten es ja nah – nur die Treppe rauf. Mit Erleichterung stellten sie fest, dass die Kirchenpflege keine derartigen Erwartungen hegte. Was wünschen sich Jutta und Inge denn von der katholischen Kirche? Soll die Kirche sich überhaupt berufen fühlen, den Gläubigen in Familienfragen etwas zu sagen?

Jutta: Ich würde mir wünschen, dass der Seelsorger sich wieder – wie das Wort schon sagt – um die Seele Einzelner sorgt. Derer, die das Bedürfnis dazu haben. Es haben ja nicht alle das gleiche Bedürfnis. Aber ich wünsche mir, dass es einen Ort gibt, wo jemand einem zuhört. Es muss gar nicht unbedingt eine Kirche sein. Einfach ein Raum, wo man miteinander Zeit verbringt, singt, betet und redet. Wo man sich aufgehoben fühlt.

Ich weiss, was ihr uns sagen wollt. Dass ihr euch liebt.

Carmine (15)

WIR HABEN KEIN RECHT, EIN UNGEBORENES KINDLI ZU TÖTEN, JEDES HAT SEINE AUFGABE AUF DER WELT

Ein Familienporträt von Christina Caprez

Luzia, die Landhebamme, und Sepp, der Spengler und Bauer, sind in einem Toggenburger Weiler streng katholisch aufgewachsen. Künstliche Empfängnisverhütung oder Abtreibung kamen für sie nie infrage. Den Veränderungen in der römisch-katholischen Kirche stehen sie mit gemischten Gefühlen gegenüber.

«Gehet hin in Frieden.» – «Dank sei Gott dem Herrn.» Der Priester beschliesst gerade den Samstagabend-Gottesdienst in der Pfarrkirche von Libingen. Rund zwei Dutzend Gläubige erheben sich von den hellen Holzbänken. Beim Eingang warten der Priester und die Pastoralassistentin und schütteln jedem die Hand. Noch immer können die Bewohner des 300-Seelen-Weilers jeden Samstag oder Sonntag die Messe besuchen und an jedem Wochenende auch das Rosenkranzgebet. Nur heisst die Kirchgemeinde heute «Seelsorgeeinheit», der Priester stammt aus Bosnien und betreut neben Libingen noch fünf weitere Dörfer. Er wohnt im Nachbardorf – das Libinger Pfarrhaus ist anderweitig vermietet.

Luzia und Sepp sind mit ihrem siebenjährigen Enkel Louis in den Gottesdienst gekommen. Vor der Kirche bleibt Luzia einen Moment vor dem Grab ihrer Mutter stehen. Kleine weisse Engel schmücken es, in den Grabstein ist ein Baby gemeisselt. Von der Mutter hat Luzia nicht nur den Glauben, sondern auch den Beruf geerbt.

Wir Kinder erwachten vom Gebet der Eltern im Bett, und wenn wir einschliefen, hörten wir sie Muttergotteslieder singen.

Luzia

Luzia: Wir sind ziemlich religiös erzogen worden. Schon als wir vierjährig waren, nahmen uns die Eltern jeden Sonntag mit in die Kirche. Damals gab es noch keinen Weg und keinen Steg, es war nichts geteert hier. Von allen umliegenden Höfen sah man Gruppen von Menschen aufbrechen, wie in einer Prozession. Männer, Frauen und Kinder liefen hintereinander.

Männer und Frauen trugen Hüte, die Frauen ein Täschli in der Hand. Man redete nichts, man war in Gedanken schon in der Kirche. Wenn man dann beim Kirchplatz ankam, standen schon Männer an den Hauswänden und rauchten Stumpen und Tabakpfeifen.

Heute steht Luzias roter Jeep vor der Kirche und bringt die Familie nach Hause in die Waldegg. Dort, im Wohnzimmer, stechen die vielen Engelsstatuen und -bilder ins Auge. Luzia liebt diese Figuren. Jedes Kind sei für sie wie ein Engel, sagt sie. Und Sepp ergänzt, Engel seien «neutral», weil es sie in verschiedenen Religionen gebe. Am Stubentisch tauchen die beiden in Kindheitserinnerungen ein. Sepp hat seine frühe Kindheit im Kanton Zug verbracht, Luzia ihr ganzes Leben hier in Libingen.

Luzia: Morgens sind wir Goofen erwacht, weil wir die Eltern – noch im Bett – laut beten hörten. Da wussten wir, es ist Zeit zum Aufstehen. Vor und nach jeder Mahlzeit wurde ein Tischgebet aufgesagt, abends vor dem Schlafengehen das Nachtgebet, die ganze Familie miteinander. Die Eltern haben auch sehr viel miteinander gesungen. Muttergottes-Lieder, wirklich wunderschön. Sogar wenn wir Kinder im Bett waren, hörten wir Vater und Mutti noch singen.

Sepp: Wir gingen jeden Morgen vor der Schule in die Schülermesse. Wenn man schwänzte, plagte einen das schlechte Gewissen.

Nach der Messe stand manchmal schon ein Trauerzug für eine Beerdigung vor der Kirche parat. Einmal lag im Leichenwagen ein Bursche, kaum 18, der war wie ein Henker Töff gefahren, als es ihn erwischte. Das war wie Volkskunde für uns. Am Wochenende ging ich oft schon um halb acht in die Messe, im Exerzitienhaus des nahe gelegenen Klosters, damit ich nachher noch in den Stall konnte. Die Brüder dort, die konnten noch singen. Zum Beispiel eine Schubert-Messe, da legten sie ihren ganzen Glauben hinein. Heute singt man die einfach so durch.

Später, als Sechstklässler, zog Sepp mit seiner Familie ins Toggenburg, ins Nachbardorf von Libingen, nach Mühlrüti.

Sepp: Hier hat man den Sonntag praktisch in der Kirche verbracht: morgens ging man zur Messe, um halb zwei gab es dann eine Stunde Gemeinschaftsandacht. Danach für uns Jugendliche die Christenlehre. In der Fastenzeit musste man danach noch einen Rosenkranz beten.

Luzia: Es wurde genau kontrolliert, ob alle Jugendlichen die Christenlehre besuchten. Die Anwesenheitsliste war ein gelochter Karton. Wenn ein Kind gefehlt hat, zog man einen Schuhbändel durch sein Loch. Das betreffende Kind musste sich beim nächsten Mal entschuldigen und erklären, warum es nicht da gewesen war.

Sepp: Es war schon auch ein Müssen.

Luzia: Die Christenlehre war zu viel.

Sepp: Sie hatte aber auch ihre guten Seiten. Für uns Jugendliche war sie ein verdeckter Mädchenmarkt.

Luzia: Nach der Kirche lief man noch ein Stück miteinander, machte das Kalb und hatte es lustig.

Ein Höhepunkt im Kirchenjahr war die Maiandacht. An einem romantisch gelegenen Ort bei Libingen im Buchen- und Tannenwald zwischen zwei Bergbächen befindet sich ein Freilichtaltar mit Kirchenbänken, daneben eine Kapelle. Diese so genannte Lourdes-Grotte hatte der Kräuterpfarrer Johann Künzle 1887 errichten lassen. In einer Felsnische über dem Altar thront eine Marienstatue, die Kopie der Madonna des französischen Pilgerortes Lourdes. Früher zog die Dorfbevölkerung im Mai jeden Sonntag bei schönem Wetter dorthin, Fahnen- und Kreuzträger voraus, dann der Pfarrer und die Altardiener und hinten das Volk. Man betete unter freiem Himmel, sang Marienlieder und lauschte der Predigt des Priesters. Luzias Augen leuchten, wenn sie und Sepp von jenen lauen Frühlingsabenden erzählen, die sie als Kinder und Jugendliche bei der Grotte verbrachten. Die allabendlichen Maiandachten wurden schon vor Jahrzehnten abgeschafft. Heute organisieren Frauenvereine ein- oder zweimal im Mai eine Andacht als Event, zu dem Familien aus der ganzen Region anreisen. Ab und zu findet auch eine Hochzeit oder eine Taufe hier statt. Luzia und Sepp lernten sich allerdings nicht bei einem der zahlreichen religiösen Anlässe kennen, sondern beim Tanz im Rössli in Libingen. Es war ein eisig kalter Wintertag, und der Schnee lag tief. Dennoch zog es Sepp ins Nachbardorf, denn dort spielte eine Ländlerkapelle auf. Er überredete einen Freund mitzukommen, die beiden setzten sich auf dessen Vespa und fuhren nach Libingen.

Sepp: Ich war ein schüchterner Bub, aber tanzen konnte ich. Das hatte ich bei uns in der Dorfbeiz gelernt, mit Liedern aus der Musikbox.

Luzia: Sepp war damals 17, ich 19, aber das wussten wir nicht. Ich dachte einfach, das choge Büebli kann aber gut tanzen.

Sepp: Ich habe das Stück heute noch im Kopf, das lief, als wir ins Restaurant kamen. Ein volkstümliches Lied, wir nannten es den Gigelimarsch.

Luzia: Er hatte einen blauen, handgestrickten Pullover an. Den habe ich heute noch, den könnte ich nicht fortwerfen. Ich trug ein blaues Kleid mit einem weissen Pelzkragen, das mir meine Mutti genäht hatte.

Es sollte allerdings zwei Jahre dauern, bis die beiden sich wieder begegneten. Sie begannen sich zu schreiben und – wenn die Zeit es erlaubte – sich auch gegenseitig zu besuchen. Wichtig für ihre Verbindung: Beide waren katholisch. Sepp hatte im Unterricht immer wieder gehört, er dürfe nur mit katholischen Mädchen ins Gespräch kommen, sonst gebe es später Probleme mit der Erziehung. Und Luzia musste während ihrer ersten Hebammenjahre am Spital beim Eintritt der Gebärenden nach der Konfession fragen. Dabei erlebte sie manchmal, wie gemischt-konfessionelle Paare um die Zugehörigkeit des Kindes rangen, dessen Geburt unmittelbar bevorstand.

Bei den Klosterfrauen hörte die Menschenkunde beim Nabel auf. Ich habe dann heimlich Muttis Hebammenbuch von vorne bis hinten studiert.

Luzia

Der Glaube verband Luzia und Sepp, ebenso die Leidenschaft für den Beruf. Luzia war inzwischen in der Ausbildung zur Hebamme in St. Gallen, Sepp tingelte als Spenglergeselle von Lehrmeister zu Lehrmeister. Luzias Kindheitstraum, wie ihre Mutter Hebamme zu werden, wollte sie nicht für einen Mann aufgeben. Dass man in der kargen Freizeit den Eltern auf dem Bauernhof half, war eine Selbstverständlichkeit. Umso mehr mussten sich die Liebenden die gemeinsame Zeit stehlen. Am einfachsten ging dies über Freundschaftsdienste, die auch die beiden Familien näherbrachten.

Luzia: Wir trugen damals noch das Wasser vom Brunnen zum Haus und tränkten die Kühe im Stall mit einer Gelte. Sepp hat uns dann in der Küche und im Stall das Wasser installiert.

Sepp: Man hat einander geholfen und dafür vielleicht einen Zvieri bekommen. Das ist manchmal auf den abgelegenen Bauernhöfen heute noch so. Aber heute ist meist die erste Frage: Was bringt's mir?

Luzia: Ich habe dir dafür grüne Socken mit Zopfmuster gelismet. Eine Jacke habe ich dir auch gestrickt.

Sepp: Du lebst das bis heute so. Das Telefon neben dem Bett, immer bereit für den Fall, dass eine verzweifelte Wöchnerin anruft, die einen Rat braucht.

Auch wenn sie manches von damals vermissen, die Solidarität im Dorf, die religiösen Feste, den innigen Gesang: Luzia und Sepp sind nicht so naiv, die vergangenen Zeiten nur rosig zu sehen. Gerade was den Umgang mit Sexualität angeht, sind sie froh, leben ihre Enkel im Hier und Jetzt.

Sepp: Man durfte ja von der Kirche aus eine hübsche Frau nicht einmal anschauen, das war schon Sünde. Wir wurden nicht aufgeklärt und hatten Angst, wir könnten vom Tanzen schwanger werden.

Luzia: Bei den Klosterfrauen nahmen wir in der Menschenkunde Kopf, Hals und Bauch durch. Beim Nabel war es dann fertig. Als ich fragte, was weiter unten kommt, hiess es: Das geht euch noch nichts an. Ich habe dann heimlich Muttis Hebammenbuch von vorne bis hinten studiert. Danach klärte ich die anderen Kinder auf. Die meinten nämlich, die Hebamme bringe die Kinder in ihrem Köfferli mit.

Sepp: Mit vierzehn Jahren kam ich eines Tages von der Schule nach Hause, da begegnete mir vor dem Haus die Hebamme, die im Dorf eine bekannte Persönlichkeit war. Ich wusste nicht einmal, dass die Mutter schwanger war. Daheim erfuhr ich dann, dass wir ein Buebeli bekommen hatten. Ich muss sagen, meine Grosskinder wussten mit drei Jahren mehr als ich mit vierzehn.

Kopfschüttelnd erinnert sich Sepp auch daran, wie seine Mutter noch Ende der 1950er Jahre nach der Geburt seines Bruders «aussegnen» musste. Laut der katholischen Tradition galten Frauen nach der Geburt als unrein und durften die Kirche erst wieder betreten, nachdem sie vom Pfarrer einen reinigenden Segen empfangen hatten.

Sepp: Die Mutter hatte vor der Kirche ein Gespräch mit dem Pfarrer, wie wenn sie sündig wäre, weil sie den Bub empfangen und geboren hat. Wir Buben fragten dann, warum die Mutter in die Kirche muss, aber sie sagte uns nichts.

Als Hebamme wusste Luzia immer mehr als die anderen Dorffrauen. Ihre Mutter gab ihr die alte Geburtshilfe-Tradition mit: das Wissen um die Kraft der Gebärenden, die Rezepte für althergebrachte Hausmittel gegen Schwangerschafts- und Geburtsleiden, den alten Lederkoffer mit den wichtigsten Instrumenten einer Landhebamme. Und das Selbstbewusstsein, als Hebamme eine wichtige Figur im Dorf zu sein. Nach dem Gottesdienst am Sonntag blieben Mutter und Tochter jeweils noch auf dem Kirchplatz stehen. Viele Dorffrauen nutzten die Gelegenheit, um ihre Herzensfragen zu stellen. Nicht nur bei physischen Leiden, auch bei Beziehungsproblemen wussten die Hebammen Rat.

Luzia selber steht als Hebamme zwischen den Zeiten. Sie erlebte, wie immer weniger Frauen zu Hause gebaren und die Geburtshilfe immer mehr in die Kompetenz der Spitäler überging. Wie dank der modernen Technik Geburten sicherer, gleichzeitig aber auch die Hebammen entmachtet wurden und die Schwangeren anstatt auf ihren Körper immer mehr auf Ultraschallbilder zu vertrauen begannen. Die Landhebamme, die mit 72 Jahren nur noch ausnahmsweise Geburten begleitet, aber immer noch Schwangere und Wöchnerinnen und ihre Partner berät, sieht diese Entwicklungen pragmatisch. Mit einer Veränderung kann sie sich allerdings nicht abfinden: mit der Liberalisierung der Abtreibung.

Luzia: Bei uns im Dorf hiess es früher: Lieber ein Kind auf dem Kissen als auf dem Gewissen. Es gab zwar auch früher Abtreibungen, aber das lief im Versteckten. Damit hatte ich zum Glück nichts zu tun. Heute müssen die Hebammen auf der Station Frauen für eine Abtreibung vorbereiten. Wenn man das von mir verlangt hätte, hätte ich gesagt: Adieu miteinander, nicht mit mir.

Was hat sie denn einer Schwangeren in einer Notsituation geraten?

Luzia: Ich sagte der Frau jeweils: Schauen Sie, das Kindli hat seine Gründe, warum es auf die Welt kommt. Jedes hat seine Aufgabe auf der Welt. Wir haben kein Recht, ein Kind zu töten. Für mich kommt es nicht drauf an, ob man einen grossen Menschen umbringt oder so ein Geschöpfli, das sich nicht einmal wehren kann.

Ungewollt Schwangere verwies Luzia an die Beratungsstelle «Mütter in Not» des katholischen Frauenbunds, die Mütter finanziell und moralisch unterstützt.

Muss ich immer alles optimieren? Christlich leben heisst auch, dem Mitmenschen etwas Gutes tun.
Sepp

Auch beim Thema Empfängnisverhütung ist die Hebamme bis heute bei ihrer katholisch konservativen Haltung geblieben. Sie und ihr Mann praktizierten die natürliche Familienplanung. Das heisst: den eigenen Zyklus gut kennen und in den fruchtbaren Tagen enthaltsam sein.

Luzia: Wenn man sich als Frau beobachtet und in sich hineinhört, funktioniert das gut. Die Pille zu nehmen, kam für mich aus religiösen und gesundheitlichen Gründen nie in Frage. Die Frauen unterschätzen heute die Nebenwirkungen der Pille. Man sollte sie besser darüber aufklären.

Und dass die natürliche Familienplanung auch Verzicht bedeutet, war das für Luzia und Sepp nie ein Problem?

Sepp: Das gehört einfach dazu. Man muss sich ein bisschen im Griff haben. Und der Mann muss auf die Frau hören.

Die Werte und Tugenden, die Luzia und Sepp in der Kindheit vermittelt wurden, liegen ihnen bis heute am Herzen. «Wer sich in die Gefahr begibt, kommt darin um» ist so ein Mahnsatz, den Sepp bis heute befolgt. Und: Man soll korrekt und hilfsbereit sein zu seinen Mitmenschen.

Sepp: Muss ich immer alles optimieren? Christlich leben heisst auch, dem Mitmenschen etwas Gutes tun. Zum Beispiel habe ich letzthin jemandem einen Kaffee bezahlt. Da fragte ein anderer: Wieso zahlst du dem den Kaffee? Der Pestalozzi ist gestorben! Da sagte ich: Nein, das ist nicht wahr. Du kannst heute noch dem Mitmenschen etwas Gutes tun. Das gilt aber nicht nur für Katholiken. Mein reformierter Lehrmeister lebte das genauso.

Solche Werte ihren drei Kindern mitzugeben und sie auch in den religiösen Alltag einzuführen, war Luzia und Sepp wichtig. Schon als die

Kinder drei-, vierjährig waren, nahmen sie sie mit in die Kirche und zur Lourdes-Grotte. Sohn Peter und Tochter Gabriela ministrierten. Heute besucht allerdings nur noch Peter regelmässig den Gottesdienst, Monika und Gabriela gehen vor allem zu speziellen Feiertagen in die Kirche. Das bedauern die Grosseltern, auch um der Enkel willen. Immerhin: In deren Schule gibt es bis heute einmal pro Woche eine katholische Schulmesse, die sogar die wenigen andersgläubigen Kinder besuchen. Ausserdem nehmen Luzia und Sepp die Enkelkinder so oft wie möglich mit in die Messe. Louis hilft den Grosseltern jeweils die Lieder im Gesangbüchlein zu finden, er stellt sich bei der Kommunion mit in die Reihe und erhält ein Kreuzchen auf die Stirn. Gegen Ende des Gottesdienstes, wenn es ihm langweilig wird, fragt er die Grossmutter dann: «Luzi, geht's noch lang?»

Dass die Libinger Pfarrkirche heute oft nur schwach besetzt ist und vor allem kaum noch Kinder im Gottesdienst sitzen, führt Luzia auch darauf zurück, dass kinderreiche Familien heute eine Seltenheit sind und die Bevölkerungszahl überhaupt zurückgegangen ist.

Luzia: In den 50er-Jahren waren wir hundert Schüler, und jetzt sind es vom Kindergarten bis zur vierten Klasse nur noch siebenundzwanzig. Kinder sieht man vor allem an Familiengottesdiensten oder am Weissen Sonntag. Manchmal würde ich am liebsten zum Altar gehen und selber predigen: Wo sind die Kinder? Es fehlt nicht an den Kindern, sondern an den Eltern.

Sepp: Wenn die Eltern am Sonntag daheim im Nest liegen, kann man ja nicht die Kinder verpflichten, in die Kirche zu gehen. Man verlangt vom Pfarrer, eine Erstklasspredigt zu halten, dabei sind die Kirchbänke leer. Es ist schon traurig: Wie eine Festveranstaltung ohne Zuschauer.

Es seien ausgerechnet diejenigen, die nicht in die Kirche gingen, die die Institution am heftigsten kritisierten. Das findet Sepp ungerecht.

Sepp: Manchmal sagen sie am Stammtisch, wenn die Pfarrer heiraten können, dann gäbe es wieder mehr Pfarrer. Ich finde: Wer nicht in die Kirche geht, soll den Mund halten und sich zuerst Gedanken über sich selber machen.

Luzia und Sepp haben in ihrem Leben noch kaum je an einem Wochenende einen Gottesdienst ausgelassen. Ausflüge richten sie nach der Messe. Und wenn Luzia früher Nachtwache im Spital hatte, ging sie gleich anschliessend in die Frühmesse. Meistens schlief sie zwar, aber das kümmerte sie nicht. Die Messe auch nur von Fern mitzubekommen, gab ihr einen inneren Frieden.

Mit ihrer Kirchentreue entsprechen Luzia und Sepp nicht dem Durchschnitt der Katholikinnen und Katholiken in der Schweiz. Die grosse Mehrheit besucht den Gottesdienst nicht mehr regelmässig. Weil ihnen die Religion nicht wichtig ist, aber auch weil sie sich einer Kirche fremd fühlen, die nur eine Familienform anerkennt: das verheiratete Ehepaar mit Kindern. Wie sehen Luzia und Sepp die Kluft zwischen katholischer Lehre und Lebenswirklichkeit? Wie sollte die Kirche damit umgehen?

Luzia: In Gottes Namen besteht diese Kluft. Der römisch-katholische Glaube ist, was er ist. Das ist meine felsenfeste Überzeugung. Ich bin so aufgewachsen, und ich lebe heute noch danach. Klar, manche Veränderungen hat man angenommen, etwa dass die Messe heute auf Deutsch statt auf Lateinisch gehalten wird oder dass der Priester zum Volk schaut anstatt vom Volk weg.

Sepp: Man müsste auch fragen, ob man zu viel angenommen hat. Jeder ist ein bisschen sein eigener Gott geworden. Die progressiven Pfarrer haben die Kirche ausgeräumt. Den geschmückten Kirchen trauern wir heute nach.

Luzia: Manchmal ist es klug, wenn man den Glauben lebt und gar nicht zu viel hinterfragt. Dann kommt es am besten. Sonst kann es wirklich schwierig werden.

Die Bischöfe, so finden Luzia und Sepp einhellig, sind heute nicht zu beneiden. Der als liberal geltende St. Galler Bischof werde von allen Seiten bedrängt. Mit Unterschriftensammlungen versuche man ihn zu Veränderungen zu bewegen, die gar nicht in seiner Macht lägen.

Sepp: In der Kirche hinterfragt man alles, aber in der Privatwirtschaft bist du deinen Job los, wenn du etwas kritisierst.

Katholikinnen und Katholiken seien heute zu ungeduldig. Sie stellten zu viele Forderungen an die Bischöfe oder an den Papst, sind sich Luzia und Sepp einig. Man habe notwendige Veränderungen vielleicht zu lange hinausgeschoben. Aber für eine Reform müssten beide Seiten aufeinander zugehen. «Kompromiss» heisst für die beiden Toggenburger das Zauberwort. Denn auch Kleriker, die rigide an kirchlichen Regeln festhalten, missfallen Luzia und Sepp. Menschlichkeit, Grosszügigkeit und das Abwägen im Einzelfall kommen für sie vor engstirniger Bibeltreue – etwa wenn es um die Teilnahme an der Kommunion geht.

Luzia: Einmal stand ich in der Reihe hinter einem Mann, der schaute nervös hin und her. Man hatte das Gefühl, der ist unsicher. Da fragte der Pfarrer, bevor er ihm die Kommunion gab: Sind Sie gläubig? Und als der Mann «ja» sagte, bekam er die Kommunion auch. Das fand ich gut.

Sepp: Wenn ein Pfarrer einem Kirchgänger die Kommunion verweigert, dann ist das so, wie wenn ich als Mechaniker jemandem nicht helfe, der mit dem Auto ins Abseits geraten ist. Dieser Mensch hat sich ja die Mühe genommen, in die Kirche zu kommen und mit den andern zu feiern. Warum soll er da nicht teilnehmen dürfen?

Luzia: Mir sagte einmal ein Pfarrer, die Kommunion sei das Brot für auf den Weg. Das finde ich sehr schön.

Auch das Zölibat ist für Luzia und Sepp diskutierbar. Unter gewissen Bedingungen.

Luzia: Wenn ein Priester eine Partnerin fürs Leben hat, warum soll er sie nicht heiraten? Er darf sich dann allerdings nicht wieder scheiden lassen. Ein Pfarrer muss ein Vorbild sein.

Sepp: Das wäre auch für die Frauen fair. Sie dürften dann offiziell mit einem Priester gehen, anstatt alles zu verheimlichen.

Luzia: Ansonsten würde ich von mir aus nicht viel ändern. Die Kirche darf so bleiben, wie sie ist. Es muss sich jeder vor dem Chef oben selber verantworten. Liebe Gott und den Nächsten und tue, was du für dich gut findest. Dann bist du auf einem guten Weg.

Wenn ein Pfarrer einem Kirchgänger die Kommunion verweigert, dann ist das so, wie wenn ich als Mechaniker jemandem nicht helfe, der mit dem Auto ins Abseits geraten ist.

Sepp

DAS LEBEN HAT SICH VERÄNDERT, DIE KIRCHE NICHT – DAS IST DAS PROBLEM

Ein Familienporträt von Martin Lehmann

Rita Huggler, 78, wurde katholisch getauft, katholisch gefirmt, katholisch getraut – und sie wird sich dereinst auch katholisch bestatten lassen. Die katholische Kirche gehört zu ihrem Leben, und trotzdem hadert sie mit ihr: «weil die Kirche die Dogmen inzwischen mehr pflegt als den Glauben.» – Die Geschichte einer enttäuschten Liebe.

Es ist kurz vor fünf. Das lange und intensive Gespräch am grossen Stubentisch neigt sich dem Ende zu, die Teetassen sind ausgetrunken, die Herzen leer geredet, der Fotograf wartet darauf, dass er seine Bilder machen kann ... da stützt Rita Huggler ihren Kopf auf die rechte Hand, schaut gedankenverloren zum Fenster hinaus und murmelt – mehr zu sich selbst als zu den anderen: «Mir ist erst jetzt bewusst geworden, wie fest ich mich in den letzten Jahren von meiner Kirche entfremdet habe – oder sie sich von mir. Dabei haben wir doch eine so lange gemeinsame Geschichte.» Sagt's, lächelt ihren beiden Töchtern zu und beginnt, den Tisch abzuräumen.

Rita Hugglers Geschichte mit «ihrer» Kirche beginnt 1937. Da heisst Rita Huggler noch Rita Wiget und kommt als drittes von fünf Geschwistern in Muri bei Bern zur Welt. Der Alltag im Hause Wiget ist vom katholischen Glauben tief durchdrungen: Man geht regelmässig zum Gottesdienst, dankt dem Herrgott für das täglich Brot, betet vor dem Einschlafen das Vaterunser, übt in der Fastenzeit den Verzicht, und wenn die Kinder zur Schule gehen, macht ihnen die Mutter mit dem Finger ein Weihwasserkreuz auf die Stirn. Der Vater ist der erste Kirchgemeindepräsident der neu geschaffenen Bruder-Klaus-Gemeinde, die Mutter die gute Seele der Pfarrei, die Familie eine tragende Stütze der Gemeinde.

Es ist ein fragloses, klagloses, behütetes Gläubigsein im Haus Wiget, die Kirche ist Teil der Familie, die Familie ist Teil der Kirche, und dass der Priester die Messe lateinisch zelebriert und die Kinder im Religionsunterricht den Katechismus der katholischen Kirche rauf und runter büffeln müssen, das stört niemanden. Denn das war ja schon immer so.

Ich fand es nicht immer leicht, allein zu entscheiden,
wie ich es mit euch Kindern machen soll,
damit es für mich und für euch und für meinen Mann stimmte.
Die Erziehung – auch die religiöse Erziehung – überliess
er mir.

Rita

Ein bisschen gestört wird das katholische Selbstverständnis der Familie Wiget, als Rita – knapp dreissigjährig, Arztgehilfin, Sekretärin und Übersetzerin – Ende der Sechzigerjahre den Zahnarzt Walter Huggler heiratet. Der ist nämlich reformiert, was Rita lange als Heiratshindernis betrachtet – in der ganzen Wiget-Sippe gibt's keine einzige Mischehe. Aber als ihr die Mutter die Erlaubnis gibt («Wenn du den nicht willst, wen willst du dann?»), steht der Ehe nichts mehr im Wege. Walter Huggler ist Agnostiker, an keine Religion gebunden, aber weil er zugleich ein gescheiter, belesener, kunstinteressierter Mensch ist, einer mit Prinzipien und klaren moralischen Vorstellungen, wird er in der Familie Wiget sehr gut aufgenommen. 1970 kommt Regula zur Welt, 1972 Barbara. Die beiden Mädchen zu erziehen, obliegt der Mutter weitgehend allein: Walter Huggler hat bei der Trauung versprechen müssen, dass die Kinder im katholischen Glauben erzogen werden.

Gut 40 Jahre später, an einem milden Frühlingssamstag des Jahres 2015, sitzen die beiden Huggler-Töchter im lichtdurchfluteten Wohnzimmer ihrer Mutter in Bern und reden über ihr Leben – ihr Leben mit der katholischen Kirche, ihr Leben mit der Religion. Regula Ruch, die sich seit Kurzem Aliya nennt, ist Lehrerin, sie hat sich vor sechs Jahren von ihrem reformierten Mann scheiden lassen; Barbara Wehse ist ebenfalls Lehrerin, auch sie hat einen reformierten Mann geheiratet und ist Mutter dreier Buben im Primarschulalter. Rita Huggler geht auf die 80 zu, eine assortiert gekleidete Dame mit hellgrauer Kurzhaarfrisur, modischer Brille und wachem Geist. Sie lebt allein in der gediegenen, geräumigen Wohnung, Walter Huggler ist kürzlich gestorben.

Rita: Ich fand es nicht immer leicht, allein zu entscheiden, wie ich es mit euch Kindern machen soll, damit es für mich und für euch und für meinen Mann stimmte. Die Erziehung – auch die religiöse Erziehung – überliess er mir. Für ihn war die Religion einfach nicht wichtig. Er wusste, worauf es im Leben ankam. Er brauchte kein Trottinett, um in den Himmel zu kommen. (lacht)

Barbara: Aber Kirchen faszinierten ihn. Wo immer wir unsere Ferien verbrachten: Stets schleppte er uns in irgendwelche Klöster und Kathedralen und liess uns den Kreuzgang oder die Kirchenfenster bewundern.

Aliya: Wisst ihr noch, dieser Ostergottesdienst da irgendwo in Griechenland, der einfach nicht aufhören wollte? (Gelächter)

Barbara: Diese Liebe zu Kirchenräumen – die kommt aber auch daher, dass du, Mami, uns Sonntag für Sonntag in die Kirche mitgenommen hast. Wir mussten nicht, aber wir kamen gern, weil uns die Rituale gefielen, die Lieder, die Liturgie. Noch heute fühle ich mich sofort zuhause, wenn ich irgendwo auf der Welt in einem katholischen Gottesdienst sitze – auch wenn ich die Sprache nicht verstehe.

Aliya: Da habe ich es inzwischen mehr wie Vater: Mich interessiert die Kirche als architektonisches Gebäude, als Energie- und Kraftort, aber nicht als Versammlungs- und Gemeinderaum. Anders als dir, Barbara, wird es mir heute meist eng und mulmig, wenn ich in einem Gottesdienst bin. Immer habe ich das Gefühl, dass mir die Freiheit geraubt wird, zu denken und zu fühlen und zu glauben, was mir entspricht.

Rita: Die katholische Kirche von heute pflegt nicht den Glauben, sondern die Dogmen. Das war früher anders!

Früher – das war zum Beispiel in den Siebziger- und Achtzigerjahren. Im Nachgang zum Zweiten Vatikanischen Konzil weht ein kräftiger Windstoss durch die katholische Kirche. Auch die Gemeinden in der Schweiz werden regelrecht durchgelüftet: Priester und Bischöfe, zuvor dem Volk entrückt und beinahe allmächtig, steigen vielerorts vom hohen Thron herab und werden zu Brüdern im Glauben; die Liturgie wird erneuert, teils gar auf den Kopf gestellt, auf einmal können auch «Laien» in den kirchlichen Dienst eintreten, und aus Südamerika sickern Ideale der Befreiungstheologie in den zuvor bieder-behäbigen Schweizer Katholizismus. Es herrscht Euphorie, Aufbruchstimmung, Pioniergeist, weil sich insbesondere auch die Rolle der Frauen dramatisch verändert: Sie bekommen in der Kirche plötzlich einen Platz, treten aus dem Schatten heraus, arbeiten in den neu gegründeten Pfarreiräten mit und gestalten – zuvor undenkbar! – Gottesdienste mit. Auch Rita Huggler wird angesteckt, mutiert von der passiv-duldsamen Kirchgängerin zur aktiv-engagierten Mitgestalterin des Gemeindelebens, von den damaligen Priestern der Bruder-Klaus-Pfarrei ausdrücklich ermuntert und ermutigt. Sie besucht Dutzende Kurse – Theologiekurse, Liturgiekurse, Glaubenskurse, Bibelkurse und Kurse für spirituelles Heilen –, tritt in den Kirchgemeinderat ein, präsidiert die Kunstkommission, wird Mitglied des kantonalen Kirchenparlaments, macht eine Ausbildung zur Erwachsenenbildnerin, leitet mit anderen Frauen zusammen die liturgischen Feiern zum Weltgebetstag und gestaltet Frauengottesdienste, in denen man Hesse und Heine und Hilde Domin liest … kurz: Es duftet allenthalben nach Aufbruch und Wandlung, man träumt bereits von Priesterinnen und von der Abschaffung des Zölibats, und dass man es zu dieser Zeit mit der katholischen Lehrmeinung nicht mehr immer ganz genau nimmt, zeigt sich etwa darin, dass Priester auch mal ein Paar trauen, obwohl ein Ehepartner bereits geschieden ist. Niemanden stört's, es gibt ja auch kaum eine mediale Öffentlichkeit.

Mich stört, dass es wieder viel mehr um die Formen als um die Inhalte geht, mehr um die Lehrmeinung als um die Bibel, mehr ums «Du sollst» und «Du sollst nicht» als um die Freiheit des Glaubens.

Rita

Heute, dreissig Jahre später, ist für Rita Huggler klar: Die grosse Revolution in der katholischen Kirche ist irgendwo auf der Strecke geblieben. Rita Hugglers Liebe zu Gott ist nicht erkaltet, jene zur Kirche aber schon, man hat sich auseinandergelebt. «Mich stört, dass es wieder viel mehr um die Formen als um die Inhalte geht, mehr um die Lehrmeinung als um die Bibel, mehr ums ‹Du sollst› und ‹Du sollst nicht› als um die Freiheit des Glaubens.» Deshalb geht Rita Huggler heute nicht mehr so oft in den Gottesdienst wie früher – nur noch an den hohen Feiertagen, oder wenn sie im Kirchenchor mitsingt oder bei einem Frauengottesdienst mitmacht.

Ja, in der Frauenliturgiegruppe sei sie noch immer dabei, sagt sie, aber anders als früher getraue sie sich heute längst nicht mehr alles zu sagen, was sie glaube – «sonst gehen beim Pfarrer sofort Beschwerden ein».

Im Gespräch am Stubentisch zeigt sich, dass Aliya Ruch die kritische Haltung ihrer Mutter teilt.

Aliya: Die ersten fünfzehn Jahre meines Lebens wurde ich geprägt vom katholischen Glauben. Natürlich hatte ich schon als Kind manchmal den Eindruck, man wolle mich in der Kirche in ein Schema pressen – aber vieles, was einige Priester und Bischöfe heute erzählen, hat definitiv nichts mehr mit meinem Alltag zu tun. Es wird gemassregelt und moralisiert, von oben wird krampfhaft versucht, alte Traditionen am Leben zu erhalten. Mir macht es wahnsinnig Mühe, wenn man heute so penetrant auf Glaubenslehrsätze verpflichtet wird. Diese rigide Sexualmoral, dieses weltfremde Verhütungsverbot, dieses Dürfen und Sollen und Müssen: Das ist mir so fremd geworden. Das Leben hat sich verändert, die Kirche nicht – das ist das Problem!
Ich bin noch immer Mitglied der katholischen Kirche – aber inzwischen eigentlich nur noch, weil mir die Kirchenmusik am Herzen liegt. Und weil ich mir einen Ostersonntag oder eine Christnacht ohne Kirchenbesuch schlicht nicht vorstellen kann – da gehört der Gottesdienst einfach dazu.

Barbara: Ich war schon als Kind weniger kritisch als du, Aliya, und auch jetzt sehe ich die Situation nicht ganz so hoffnungslos. Vom regelmässigen Gottesdienstbesuch meiner Jugend zehre ich jedenfalls noch heute, ich bin der katholischen Kirche nach wie vor sehr verbunden, und in unserer Gemeinde, wo ein Pfarreileiter mit Familie einen sehr offenen Kurs fährt, engagiere ich mich gern. Die Kirchgemeinde lebt, viele Familien sind dabei, die Atmosphäre ist herzlich – bei uns schlägt einem keine steife, konservative Bise entgegen. Natürlich habe ich anderswo schon reaktionäre Priester erlebt, solche, die laut erklären zu müssen glaubten, wo Gott hockt – aber der Inhalt des gesprochenen Worts war für mich oft zweitrangig. Wir haben ja die Liturgie, die Symbole, die Musik – daneben kann auch mal einer Blech erzählen … (lacht)

Ihr Mann ist reformiert – nimmt er auch am Gemeindeleben teil?

Barbara: Wenn unsere Buben zu den Kindergottesdiensten gehen, kommt er auch mit, und jetzt, im Zusammenhang mit der Erstkommunionsfeier unseres Ältesten, engagiert er sich. Aber er erlebt die katholische Kirche als ausgrenzend. Er weiss zwar, dass er dort, wo wir zur Kirche gehen, zur Kommunion gehen darf – weil der Pfarreileiter immer explizit alle einlädt. Aber mein Mann weiss eben auch, dass seine Kirche, die evangelische, in den Augen des Vatikans offiziell keine richtige Kirche ist und dass

er theoretisch gar nicht zur Eucharistie zugelassen wäre – und darüber regt er sich regelmässig auf. Und ich mich auch: Es ist eine Anmassung, die reformierte Kirche nicht voll anzuerkennen – und damit auch die reformierten Menschen nicht.

Die Kirche hat sich für die Hintergründe meiner Scheidung gar nicht interessiert – man drückt unsereinem einfach den Stempel auf die Stirn: «irregulär!»
Aliya

Wie war das für Ihren Ex-Mann, Frau Ruch – hat er sich als Reformierter daran auch gestört?

Aliya: Ihm war die Religion nicht wichtig – aber auch er musste natürlich bei der Trauung unterschreiben, dass allfällige Kinder katholisch erzogen werden müssten. Warum kann die Kirche das nicht einfach den Menschen überlassen? Warum muss sie in schier jedem Lebensbereich ihre Vorgaben machen?

Auch meine Scheidung: Als Geschiedene habe ich nun in der katholischen Kirche per se einen Tolggen im Reinheft – einfach weil ich mich von meinem Mann getrennt habe. Einfach «weil man das nicht macht». Einfach weil irgendjemand vor Jahrhunderten mal festgelegt hat, dass das Ehesakrament unauflöslich ist. Das wird als unverrückbares Prinzip über mein Leben gestellt. Aber bei mir hat sich niemand nach den Hintergründen erkundigt, die Geschichte dahinter interessiert die Kirche gar nicht – man drückt unsereinem einfach den Stempel auf die Stirn: ‹irregulär!› Katholiken aus meinem näheren Umfeld werfen mir meine Scheidung immer noch vor. Das tut mir weh.

Wie können zölibatär lebende Männer wissen,
in welcher Situation sich eine Frau befindet,
wenn sie sich für eine Abtreibung entscheidet?
Oder schon nur für die Pille? Es ist eine Anmassung,
den Menschen da dreinzureden.
Barbara

Rita: Mir auch. Wie absurd dieses katholische Ehedogma ist, zeigt folgendes Beispiel: Mein Neffe hat vor Jahren eine geschiedene Frau geheiratet. Nur zivil natürlich, kirchlich ging ja nicht, weil die Frau in den Augen der katholischen Kirche noch immer verheiratet war. Nach ein paar Jahren liessen sie sich scheiden, und mein Neffe lernte eine andere Frau kennen. Weil die noch unverheiratet war und er, aus kirchlicher Optik, gar nie verheiratet gewesen war, durften die beiden dann kirchlich heiraten, alles hatte seine Richtigkeit. Ist das nicht absurd?

Die Kirche beruft sich ja bei ihrer Lehre von der Unauflöslichkeit der Ehe auf Matthäus 19, wo Jesus sagt: «Was Gott verbunden hat, soll der Mensch nicht trennen.» Bloss müsste man berücksichtigen, dass Jesus diesen Satz in eine Zeit hinein gesagt hat, als nur der Mann über eine Scheidung entschied und eine Frau nach der Scheidung gänzlich rechtlos wurde. Jesus wollte die Frauen schützen – und nicht eine Lebensform verteufeln.

Barbara: Für mich hat das Eheversprechen schon eine besondere Bedeutung: Das Gefühl, in einer grossen Entscheidung von Gott und der Gemeinschaft mitgetragen zu werden, war mir in diesem Moment wichtig. Aber bei aller Nähe zur katholischen Kirche – auch mir ist vieles ein Ärgernis. Die Sexualmoral zum Beispiel: Wie können zölibatär lebende Männer wissen, in welcher Situation sich eine Frau befindet, wenn sie sich für eine Abtreibung entscheidet? Oder schon nur für die Pille? Es ist eine Anmassung, den Menschen da dreinzureden. Ich reibe mich aber auch daran, dass Priester keine Familie haben und Frauen nach wie vor nicht Priesterinnen werden dürfen – beides täte den Gemeinden so gut.

Rita: Ja, vielen Menschen fehlt das Mystische in der Kirche. Ich bin überzeugt, dass Priesterinnen dazu beitragen könnten, dass Kirche und Alltag sich annähern.

Barbara: Ich habe Angst, dass die katholische Kirche immer kleiner und irgendwann bedeutungslos wird. Und dass nur noch jene Leute drin bleiben, die gehorsam schlucken, was man ihnen vorschreibt.

Rita: Dazu gab's kürzlich einen interessanten Artikel in der NZZ, im Zusammenhang mit dem Streit um den Priester in Bürglen, dem wegen der Segnung eines lesbischen Paars die Entlassung drohte. Es sei in der katholischen Kirche ein Richtungskampf im Gange, war zu lesen: zwischen jenen, die möchten, dass die katholische Kirche eine Volkskirche bleibt, bestehend aus Menschen mit unterschiedlichsten Glaubensvorstellungen, und jenen, denen eine kleine, homogene Kirche vorschwebt – eine Art Freikirche, die sich ausschliesslich an Hochreligiöse mit einer starken Kirchenbindung richtet. Für dieses Modell macht sich Bischof Huonder stark, und es scheint, dass seine Fraktion derzeit Oberwasser hat in der Schweiz.

Barbara: Dabei müsste die Kirche nicht konservativer und ausgrenzender werden, sondern integrierender und gesellschaftsnäher. Sie muss Platz haben für alle: Reformierte, Homosexuelle, Alleinerziehende … und auch für Geschiedene! Geschiedene sollten auch wieder kirchlich heiraten können.

Aliya: Ich muss als Kirchenmitglied das Recht haben, selbst Entscheidungen zu treffen, eigenverantwortlich zu sein für mein Tun.

Das Wichtigste ist meine Beziehung zu Gott. Wenn ich in einer Ehe bin, die mich hindert, meinen Weg zu gehen, muss ich sie auflösen dürfen.

Mal abgesehen davon, dass sich die Ehe verändert hat: Heute sind Ehepartner unabhängiger als früher, ob mit oder ohne Kinder. Und niemand kann heute ja ernsthaft versprechen, mit dem Gegenüber zusammenzubleiben, bis dass der Tod einen scheidet – man steht vielleicht nach zehn, zwanzig, fünfzig Ehejahren an einem ganz anderen Ort als der Ehepartner. Eine Kirche, die sich an überholten Wahrheiten orientiert, ist nur für Ewiggestrige attraktiv; sie verliert jede gesellschaftliche Kraft – wollen wir das?

Rita Huggler will das nicht. Sie macht sich in der Küche zu schaffen, hinter dem nahen Paul Klee-Zentrum, diesem schwungvollen Bau am Stadtrand von Bern, geht langsam die Sonne unter, Barbara Wehse und Aliya Ruch rücken die Stühle am Stubentisch zurecht, das Gespräch ist zu Ende.

Fast.

Denn Rita Huggler will noch etwas sagen:

Ja, ich habe mich von meiner Kirche entfremdet. Ich bin aufmüpfiger und liberaler geworden, die Kirche gleichzeitig einengender und rückwärtsgewandter. Aber ich bestehe darauf, dass ich katholisch bin. Die katholische Kirche liegt mir am Herzen, und deshalb werde ich mich weiter dafür einsetzen, dass nicht die starren Dogmen über allem stehen, sondern der befreiende Geist des Evangeliums. Die Freiheit ist ein Geschenk Gottes, sie stärkt unser Selbstvertrauen und unsere Entscheidungsfähigkeit – ich will sie mir von den Vorschriften der Kirche nicht einschränken lassen.

Dann geht sie hinüber zum Büchergestell, nimmt ein Büchlein heraus und liest vor: «Wir sind nicht auf Erden, um ein Museum zu hüten, sondern einen blühenden Garten zu pflegen.»

Der Satz stammt auch von einem unzufriedenen Katholiken, nämlich von Angelo Giuseppe Roncalli. Besser bekannt unter dem Namen: Papst Johannes XXIII.

Die katholische Kirche liegt mir am Herzen.

Rita

WENN DAS GATTER EINMAL OFFEN WAR, WEISS JEDES SCHAF, WAS FREIHEIT BEDEUTET

Ein Gespräch von Christina Caprez
mit Experten aus der Wissenschaft:
Eva-Maria Faber, Rainer Bucher und Stephan Goertz

Die Ehe ist unauflöslich, Homosexualität widernatürlich und Empfängnisverhütung Sünde. Dass katholische Theologie auch ganz anders gehen kann, zeigen Eva-Maria Faber, Stephan Goertz und Rainer Bucher. Die drei Professoren forschen und lehren an Hochschulen in Chur, Mainz und Graz. Sie vertreten dabei erfrischend unkonventionelle Positionen.

Religionssoziologen haben in Studien gezeigt, dass für eine grosse Mehrheit der Bevölkerung die Kirche heute irrelevant ist (ein Ergebnis ist am Ende dieses Gesprächs dokumentiert). Wie stark hat die Haltung der katholischen Kirche in Sachen Ehe, Sexualität und Familie zu dieser Entfremdung beigetragen?

Rainer Bucher: Sicher sehr viel: Mit «Humanae vitae», der Enzyklika von Paul VI. aus dem Jahr 1968, wurde die künstliche Empfängnisverhütung für Katholikinnen und Katholiken verboten. Damals ist ein Riss entstanden. Zuvor hatten für Katholikinnen und Katholiken die religiösen Vorgaben in der Sexualethik noch relativ selbstverständlich gegolten. Sie wurden zwar unterschiedlich streng angewandt, aber prinzipiell anerkannt. Heute ist das nicht mehr so.

Stephan Goertz: Der Katholizismus als selbstverständliche und in sich geschlossene Lebensform, die einen von der Wiege bis zur Bahre begleitet, löste sich in der Nachkriegszeit immer mehr auf, durch Wanderungsbewegungen, durch die Bildungsbeteiligung von Frauen, durch öffentliche Medien. Dabei lernten die Katholiken die Freiheiten der Moderne kennen und schätzen. Und ausgerechnet 1968, in diesem Symboljahr, kam dann diese sehr restriktive römische Position. Als eine Reaktion brach innerhalb von drei, vier Jahren die bis dahin übliche Beichtpraxis weitgehend zusammen. Die Sexualmoral änderte sich tiefgreifend. Mit diesem Umbruch kommt die katholische Kirche bis heute nicht zurecht.

Eva-Maria Faber: Die Sexualität und die familiäre und partnerschaftliche Situation gehören ausserdem zu den Themen, die jedem Menschen am nächsten sind. Es gibt andere Lebensbereiche, wo ich eine Diskrepanz zwischen dem, was ich selber für richtig halte, und dem, was meine Kirche mir vorschreibt, viel leichter ertragen kann. Aber in diesem Bereich ist das viel schwieriger und verletzender, weil er mit dem menschlichen Leben so eng verwoben ist.

Die meisten Katholiken haben sich in vielen moralischen Fragen längst emanzipiert.
Dennoch verstehen sich viele selbstbewusst als Teil dieser katholischen Kirche.
Stephan Goertz

Wie konnte es denn überhaupt so weit kommen, dass die Kluft zwischen Lehre und Lebenswirklichkeit so gross wurde?

Rainer Bucher: Bis ins späte Mittelalter gab es noch eine weitgehende Einheit von gesellschaftlichem Sozialsystem, kirchlichem Sinnsystem und gesellschaftlicher Wirklichkeit. Das brach allerdings schon mit der Reformation auf: Es entstanden alternative Kirchen. Mit der bürgerlichen Gesellschaft seit dem 18. Jahrhundert und der religiösen Individualisierung im 20. Jahrhundert verlor die katholische Kirche kontinuierlich an Einfluss. Bis zum Zweiten Vatikanischen Konzil reagierte sie auf diese Reichweitenverluste mit einer sozialpsychologisch absolut verständlichen, theologisch aber hochproblematischen Strategie: Man schloss die Reihen und schottete sich nach aussen ab.

Die Botschaft war also: Es gehören nur noch die zu uns, die genau nach unserer Doktrin leben?

Rainer Bucher: Ja. Dieser Prozess konzentrierte sich, nachdem man das Interpretationsmonopol über den Kosmos und die Gesellschaft verloren hatte, auf den Körper der Katholiken und vor allem der Katholikinnen. Heute ist es mit dieser Pastoralmacht der Kirche vorbei. Wir stehen nicht nur im Bereich der Sexualmoral, sondern ganz grundsätzlich vor einer völligen Neukonstitution der katholischen Kirche.

Stephan Goertz: Sobald Menschen beobachten, dass andere auf andere Art ein gutes Leben führen, ist es vorbei mit der Vorstellung, nur das eigene Leben sei normal und gut. Die Kirche ist dann gefordert, Argumente zu präsentieren, die nachvollziehbar sind und die nicht einfach selbstverständlich gelten, weil man das schon immer so gemacht hat oder weil die Autorität das so verlangt. Man kann sich heute nicht mehr zurückziehen auf

Positionen, die nur plausibel sind, wenn man in einer geschlossenen katholischen Welt lebt.

Heisst das zugespitzt gesagt: Wenn die katholische Kirche ihre Lehre nicht plausibler begründet und der heutigen Lebenswirklichkeit anpasst, dann hat sie keine Zukunft?

Stephan Goertz: Die meisten Katholiken leben ja in den Fragen, über die wir hier sprechen, schon lange nach ihrem eigenen Gewissen. Sie haben sich in vielen moralischen Fragen längst emanzipiert und finden andere Begründungen oft überzeugender als die ihrer eigenen Kirche. Dennoch verstehen sich viele selbstbewusst als Teil dieser katholischen Kirche.

Rainer Bucher: Das hängt damit zusammen, dass Kirche heute primär situativ und selektiv genutzt wird. Dadurch kann man relativ flexibel mit solchen Widersprüchen umgehen. Man sagt beispielsweise: Sexualethisch sind sie ja daneben, aber ein schöner Gottesdienst ist immer noch etwas. Oder: Die Caritas tut ja was Tolles. Oder: In der Familienberatungsstelle sind sie ja viel besser als andere. Die katholische Kirche als eine Handlungseinheit existiert an der Basis gar nicht mehr, sondern sie existiert als ein offenes Feld fluktuierender Nutzungspraktiken. Da fragt man sich natürlich, wie sie denn überhaupt noch steuerbar ist. Das ist aber ein internes Problem dieser Institution und nicht so sehr das Problem ihrer Mitglieder und Nutzer.

Eva-Maria Faber: Wir müssen allerdings mitbedenken, dass die sexuelle Revolution insgesamt ein Schub in der Gesellschaft war. Familien- und Partnerschaftsbilder haben sich nicht langsam verändert, sondern sehr eruptiv. Dass die Kluft zwischen Lehre und Lebenswirklichkeit so gross ist, hat auch damit zu tun.

Rainer Bucher: Man kann die moderne europäische Geschichte als Freiheitsgeschichte lesen. Man kann sie aber auch als Geschichte des durchgesetzten Kapitalismus lesen, der auch und gerade im Bereich des Sexuellen mit unrealistischen Selbstoptimierungszwängen arbeitet. Sexualität wird heute unter einen hohen Leistungsdruck gesetzt. Ein Kollege hat das einmal sehr drastisch formuliert: Vom Orgasmusverbot zum Orgasmuszwang.

Bisweilen werden die Optionen der Kirche
extern besser vertreten als intern.
Rainer Bucher

Stephan Goertz: Diese Kritik an modernen Entwicklungen findet ja auch ausserhalb der Kirche statt. Viele Zeitdiagnosen formulieren sehr scharf, dass neue Zwänge entstanden sind, die auch im Bereich von Liebe und Partnerschaft heute alles andere als Glück produzieren. Liebe in der Moderne kann weh tun, wie die Soziologin Eva Illouz gezeigt hat. Mit Gesprächspartnern wie ihr muss man in einen Dialog kommen, damit die Kritik nicht besserwisserisch daherkommt.

Rainer Bucher: Dem stimme ich völlig zu. Bisweilen werden die Optionen der Kirche extern besser vertreten als intern.

In den Porträts in diesem Buch zeigt sich, dass in den Kirchgemeinden längst nicht mehr nach römischer Lehrmeinung gelehrt und gelebt wird. Da ist etwa der Priester, der eine geschiedene Katholikin und deren zweiten Ehemann, einen Protestanten, segnet. Oder die Kirchgemeinde, die das leerstehende Pfarrhaus an ein Frauenpaar mit Kindern vermietet. Ist das die Lösung: dass die Kirchgemeinden einfach «ihr eigenes Ding» machen?

Eva-Maria Faber: Ich finde es zwar gut, wenn in der Pastoral Wege gesucht werden, mit solchen Situationen menschenfreundlich umzugehen. Aber mein Wunsch als Theologin wäre, dass wir uns auch in der Theorie nicht vom gesellschaftlichen Diskurs abschneiden, denn das führt zu einer gefährlichen Selbstisolation der Kirche. Wir müssen den Glauben mit den Mitteln der Vernunft rechtfertigen und Argumentationen finden, die auch unabhängig vom Glauben verstanden werden können. Die katholische Kirche hat sich immer wieder gegen den Fideismus gewandt, also gegen die Meinung, dass man die kirchliche Lehre nur durch Glauben verstehen kann und es unabhängig vom Glauben keinen Zugang dazu gibt. Im sexualethischen Bereich sind wir im Moment bei stark fideistischen Positionen, und der Austausch mit den Humanwissenschaften ist verloren gegangen.

Dieser Dialog mit den Sozialwissenschaften ist ja ein Ansatz, den Sie alle drei sehr stark vertreten.

Rainer Bucher: ... und den Dialog mit den Gläubigen! Die Erkenntnis im Glauben geht nicht nur von oben nach unten, sondern ist dem Volk Gottes insgesamt gegeben. Ich habe schon in den 1970er-Jahren in der Stadt Bayreuth, in der ich aufgewachsen bin, einen offen schwulen Priester erlebt, der von seiner Pfarrei völlig akzeptiert wurde. Die Menschen in den Gemeinden wissen aus eigener Erfahrung, wie schwierig es heute ist, Beziehung zu leben. Für dieses Phänomen gibt es den Begriff des «Sensus fidelium»: Die Gläubigen haben ein Gespür für die Wahrheit des Glaubens in je neuen Kontexten, vielleicht auch bevor das vom Lehramt selber formuliert wird. Und dieses Gespür für die Glaubensrealität, die über das kodifizierte Dogma hinausgeht, ist ein echter und bedeutsamer theologischer Erkenntnisort in Zeiten, in denen sich die Gesellschaft so schnell entwickelt.

Stephan Goertz: Das ist ein wichtiger Punkt, denn der Fideismus – also zu sagen, man müsse zuerst glauben, und dann erschliesse sich auch die Wahrheit der Moral – entspricht so gar nicht der katholischen Tradition. Die katholische Moraltheologie ist immer mit sehr starken Vernunftansprüchen aufgetreten. Was moralisch vernünftig ist, weil es dem Menschen gerecht wird, gilt auch für die Christen.

Tatsächlich? Von aussen wirkt es nicht gerade so, als ob die katholische Kirche ihre Glaubensinhalte traditionell mit Vernunftargumenten begründet.

Stephan Goertz: Diesen Eindruck kann man in der Tat haben. Aber die eigene Tradition ist im Grunde voller Optimismus, was die menschliche Vernunft betrifft. Für Thomas von Aquin, den grossen Theologen des Mittelalters, galt: Moral ist immer eine vernünftige Regelung des menschlichen Lebens. Da bin ich stolz auf die eigene Tradition. Mir scheint, dass fideistische Haltungen vor allem dann eingenommen werden, wenn es Kritik an der eigenen Position gibt, gerade im Bereich von Ehe und Familie. Das halte ich für gefährlich, denn es führt zur Selbstisolation. Auch christliche Moral sollte auf vernünftige Einsicht, nicht auf Gehorsam setzen.

Dann lassen Sie uns doch ein paar katholische Doktrinen mithilfe der Vernunft analysieren und neu formulieren. Beispielsweise die Unauflöslichkeit der Ehe, vor dem Hintergrund der Tatsache, dass rund die Hälfte der Ehen heute geschieden werden.

Eva-Maria Faber: In der christlichen Tradition setzte man die Ehe lange als natürliche und kulturelle Wirklichkeit voraus und war sehr zurückhaltend, nur schon die Eheschliessung kirchlich zu regeln. Bis zum heutigen Verständnis ist da ein langer Weg. Gerade in diesem Bereich ist in der Dogmatik viel passiert. Die letzte grosse Entwicklung fand im Zweiten Vatikanischen Konzil statt, als man formuliert hat, dass die Ehe eine personale Lebensgemeinschaft ist. Dass es also in der Ehe nicht in erster Linie um einen Vertrag mit dem vorrangigen Ziel von Nachkommen geht, sondern die Partnerschaft zwischen zwei Personen im Vordergrund steht. Das war eine ziemliche Kehrtwende, aber sie ist noch nicht bis in alle Bereiche der Sexualethik und vor allem auch des Kirchenrechts eingedrungen.

Rainer Bucher: Diese personale Aufladung der Ehelehre – die Betonung des Beziehungsaspekts – hat allerdings eher zu noch mehr Problemen geführt, weil sie sich nicht auf die rechtliche Gestaltung auswirkte. Wenn ich die Ehe wie früher kühl als ein Rechtsinstitut sehe, dann kann ich auch kühl damit umgehen. Das Recht findet immer Möglichkeiten, sogar Scheidungsmöglichkeiten.

Eigentlich ist der Begriff der Unauflöslichkeit schon ein Unding, weil er das Ganze rein negativ schildert. Es müsste ja positiv um die Verbundenheit zweier Menschen gehen.

Eva-Maria Faber

Stephan Goertz: Wenn die Liebe zur einzig legitimen Basis einer Ehe wird, muss ich die Intensität der Liebe mit der Dauerhaftigkeit der Institution zusammenbringen. Wenn die romantische Liebe dann aber erkaltet, wenn die etablierte Liebe das Leben erstickt, was passiert dann?

Rainer Bucher: In der Praxis ist das ja genau das Grundproblem fast aller Beziehungen, auch von homosexuellen. Wie diesen Prozess gestalten? Warum diskutieren wir nicht in den Gemeinden darüber? Das wäre die eigentliche pastorale Aufgabe, dass die Kirche Räume bietet, um Beziehungen menschenwürdig zu gestalten.

Eva-Maria Faber, in Ihren Texten können Sie der Unauflöslichkeit der Ehe durchaus etwas abgewinnen. Inwiefern ist denn eine Ehe tatsächlich, auch wenn sie geschieden ist, unauflöslich?

Eva-Maria Faber: Wenn zwei Menschen zusammenkommen, wünschen sie sich in der Regel eine dauerhafte Beziehung. Das zeigt auch die Praxis, Liebesschlösser an Brücken zu hängen und dann den Schlüssel wegzuwerfen. Das ist ein Symbol für den Wunsch der Menschen, dass ihre Partnerschaft nicht auseinandergeht und dass sie auch nicht selbst darüber verfügen. Gleichzeitig weiss jeder, der heute eine Ehe eingeht, auch um das Prekäre. Die Frage ist, wie wir als Kirche damit umgehen.

Eine Antwort der katholischen Kirche auf den steigenden Scheidungswunsch ist ja die Ehe-Annulation. Ein kirchliches Gericht stellt fest, dass die Ehe von Anfang an nicht gültig zustande gekommen ist und darum gar nie existiert hat. Die beiden Partner sind nach einer solchen Annulation wieder frei für eine kirchliche Eheschliessung.

Eva-Maria Faber: Diese Lösung entspricht der Wirklichkeit der meisten Beziehungen nicht. Man kann das, was in der ersten Ehe gewesen ist, nicht einfach ungeschehen machen, vor allem, wenn aus dieser Ehe Kinder hervorgegangen sind. Augustinus, der berühmte Theologe der Spätantike, hat einmal gesagt: Es bleibt auch nach einer Trennung etwas Eheliches. Erst später hat er dann die Lehre vom unauflöslichen Eheband formuliert, das in der heutigen katholischen Lehre sehr stark betont wird. Die frühere, vagere Formulierung trifft die Wirklichkeit besser. Selbst wenn die Ehe als gelebte Realität weggefallen ist, bleibt «etwas Eheliches», es bleiben Bindungen ebenso wie Verletzungen. Es gibt im menschlichen Leben keine Delete-Taste.

Stephan Goertz: Dem wird niemand widersprechen. Der Knackpunkt sind aber die Konsequenzen, die die katholische Kirche aus ihrem Verständnis von Unauflöslichkeit zieht. Dass nämlich ein Mann oder eine Frau nach dem Ende einer ersten Ehe in einer neuen Partnerschaft vollkommen enthaltsam leben soll. Das können heute viele nicht mehr nachvollziehen, und es ist auch mit der eigenen biblischen Überlieferung schwer in Einklang zu bringen. Bei Matthäus und bei Paulus gibt es bereits Ausnahmen von diesem so strikt erscheinenden Jesuswort, dass der Mensch nicht trennen dürfe, was Gott verbunden hat. Und wenn es in der Vergangenheit Ausnahmen gegeben hat, dann kann es auch jetzt Gründe geben, eine neue Beziehung gutzuheissen.

Rainer Bucher: Es werden auch jetzt Ehen geschieden, nämlich durch den Tod. Das ist ja ganz offiziell. Religiös gesagt, hat man nach einer Scheidung durch den Tod die Hoffnung auf ein gemeinsames Leben bei Gott. Wenn aber nun nicht der Tod, sondern das Leben eine Ehe scheidet, wie sieht dann die sakramentale gemeinsame Perspektive nach der Scheidung aus? Zum Beispiel indem man bei allem Streit zumindest den Anspruch hat, das weitere Zusammenleben für Kinder und sich gut gestalten zu können. Die Kirche und ihre Sozialräume sollten dabei helfen, das zu schaffen.

Eva-Maria Faber: Eigentlich ist der Begriff der Unauflöslichkeit schon ein Unding, weil er das Ganze rein negativ schildert. Es müsste ja positiv um die Verbundenheit zweier Menschen gehen. Wir haben diesen ganzen Bereich sehr stark mit Sanktionen versehen und zu wenig darüber nachgedacht, was wir an Spiritualität dafür anbieten können.

Rainer Bucher: Wobei wir das Bild ein wenig differenzieren müssen. Es gibt in vielen katholischen Familienberatungsstellen wirklich einfühlsame und echte Hilfe. Das wissen aber nur wenige. Viele haben daher grosse Hemmungen und Vorbehalte gegenüber kirchlicher Familienberatung. Das ist natürlich unter PR-Gesichtspunkten ungefähr das Fatalste, was man auf dem Markt machen kann.

Die Moral muss lebbar bleiben.

Stephan Goertz

Stephan Goertz: In Deutschland kommen beispielsweise jedes Jahr über 100 000 Ratsuchende in die Schwangerschaftsberatung der katholischen Kirche. Das sind oft Menschen in sozial prekären Verhältnissen, auch viele Migrantinnen, der grösste Teil ist gar nicht katholisch. Die Beraterinnen und Berater bieten Hilfe an, die der Lebenssituation der Ratsuchenden gerecht wird, auch in Fragen der Sexualaufklärung und Familienplanung. Doch im Hinterkopf fragen sich viele: Darf ich das jetzt, steht meine Kirche noch hinter mir? Was passiert, wenn herauskommt, was ich hier sage? Aus diesem Konflikt müssen wir raus. Die Moral muss lebbar bleiben.

Das heisst also, dass die Lehrmeinung sich aufgrund der Lebenswirklichkeiten ändern müsste. Wie könnte denn die Theologie heute Menschen helfen, eine verbindliche Liebesbeziehung zu gestalten?

Rainer Bucher: Da gibt es verschiedene Ebenen. Die heutige Kleinfamilie ist ja durch Isolation gekennzeichnet. Im Unterschied zu früheren Familienformen ist sie oft nur noch eine Zwei-Generationen-Familie in einer kleinen Wohnung. Da könnte die Kirche ganz schlicht Sozialräume über den familiär engen Kreis hinaus zur Verfügung zu stellen, in denen man aus dieser Selbstzentrierung rauskommt. Ausserdem können wir fragen: Was ist die Grundkompetenz, damit man eine Beziehung leben kann? Verzeihen und Verzeihung annehmen können. Den andern aushalten, und zwar so, dass man nicht Ressentiments auflädt, sondern ihn annimmt, wie er ist. Das ist eine zutiefst spirituelle und christliche Eigenschaft. Wenn man mit Menschen ganz eng zusammenlebt, dann lädt man Schuld auf sich. Weniger dramatisch ausgedrückt: Man wird ihnen nie so gerecht, wie man ihnen eigentlich gerecht werden sollte.

Viele Ehen scheitern ja daran,
dass sie zu symbiotisch gelebt werden.

Eva-Maria Faber

Stephan Goertz: Das Wort Schuld haben Sie jetzt sehr zögerlich ausgesprochen …

Rainer Bucher: Ich wollte die Ehe nicht als eine einzige Schuldgeschichte darstellen …

Stephan Goertz: Weil wir ja in der Tradition die Last haben, dass überall Sünden lauern, gerade in diesem Lebensbereich.

Rainer Bucher: Die Schuld liegt allerdings ganz woanders als dort, wo man sie thematisiert.

Stephan Goertz: Genau. Und vielleicht könnte man noch einen Schritt weiter gehen und sagen: Was Sie als Schuld bezeichnet haben, das hat zu tun mit der menschlichen Existenzweise, die endlich und ambivalent ist. Unsere Ambivalenz und unsere Endlichkeit führen uns immer wieder an Grenzen. Wenn wir uns als Schöpfung Gottes verstehen, dann sind wir allerdings genau so gewollt – und können uns von dieser Sündenrhetorik befreien, die den Menschen klein macht. Dadurch wird nicht alles entschuldigt, aber im christlichen Glauben sollte nicht die Sünde, sondern die Liebe Gottes, seine unbedingte Annahme eines jeden Menschen, das erste Wort sein.

Rainer Bucher: Ehe und Familie sind ja keine heile Welt. Diese Illusion gibt es nicht nur in der Kirche, sondern auch in der modernen Gesellschaft. Der Soziologe Ulrich Beck hat von der «irdischen Religion der Liebe» gesprochen. Viele meinen, der einzige Ort, wo wir noch erlöst werden, sei die Liebe des Partners, geschehe im Kuss der Geliebten. Doch die Erlösung durch den Partner funktioniert natürlich nicht.

Eva-Maria Faber: Ehe und Familie sind keine heile Welt, aber sie sind auch nicht der Ort, wo die Sündhaftigkeit mehr lauert als in andern Bereichen. Die Ambivalenz menschlichen Lebens erfährt man überall, egal ob man in Ehe und Familie lebt oder nicht. Dennoch glaube ich, dass man sich in Ehe und Familie einander viel intensiver zumutet. Deswegen ärgere ich mich, wenn aktuelle Dokumente aus Rom so viel vom heutigen Egoismus der Eheleute sprechen. Dabei ist es das Gegenteil: Ehepartner leben oft weniger egoistisch als manche Zölibatäre, die nur sich selbst kennen. Da hat die Kirche keinen realistischen Blick auf die Situation.

Wie könnte es die Kirche denn besser machen? Mit welchen theologischen Argumenten oder Analysen lassen sich heutige Beziehungen fassen?

Eva-Maria Faber: Viele Ehen scheitern ja daran, dass sie zu symbiotisch gelebt werden. Da könnte die Theologie einen anderen Weg zeigen. Im christlichen Menschenbild hat jeder Mensch eine ganz persönliche Berufung und Geschichte, die auch dann nicht aufgelöst wird, wenn wir in eine Partnerschaft hineingehen. Es bleiben zwei Menschen, die ihre je eigene Geschichte haben. Paradoxerweise ist gerade da die heutige Art und Weise, wie kirchlich von Ehe gesprochen wird, meistens kontraproduktiv. Man spricht von Hingabe, ja, von Ganzhingabe, und man verstärkt auf diese Weise die Versuchung, eine Partnerschaft symbiotisch zu leben. Dabei hätten wir zu dieser Balance von Individuum und Partnerschaft viel zu sagen.

Gute Seelsorge ist nicht kategorial anders, sie hat lediglich ein paar Ressourcen mehr zur Verfügung.
Rainer Bucher

Warum soll ich mich, wenn ich mich in einer Ehekrise befinde, an eine katholische Eheberatungsstelle wenden und nicht zu einer Paartherapeutin gehen?

Eva-Maria Faber: Sie können gern zur Paartherapeutin gehen!

Rainer Bucher: Wichtig ist, was hilft!

Inwiefern hilft die katholische Eheberaterin anders als die Paartherapeutin mit weltlichem Hintergrund?

Rainer Bucher: Gute Seelsorge ist nicht kategorial anders, sie hat lediglich ein paar Ressourcen mehr zur Verfügung als konventionelle Paartherapie, eben die Ressourcen des Glaubens, etwa auch Riten. Vor allem aber: Es ist eine zentrale christlichen Aussage, dass wir uns nicht selbst erlösen können und auch nicht müssen. Es gibt die Hoffnung, dass Gott uns Zuspruch gibt. Diesen Trost kann die christliche Seelsorge vermitteln: Selbst wenn du denkst, deine Beziehung oder dein ganzes Leben sei gescheitert, ist das nicht das letzte Wort über dein Leben.

Stephan Goertz: Das ist eine Hoffnung, die gerade unter Bedingungen von Selbstoptimierung unglaublich hilfreich und lebensförderlich sein kann. Denn das sind ja genau die neuen Zwänge der heutigen Gesellschaft.

Sie meinen diese heute weit verbreitete Ansicht, dass man für sein Schicksal allein verantwortlich und demnach auch selbst schuld ist am Scheitern einer Beziehung?

Stephan Goertz: Ja. Die Gesellschaft rechnet alles, was schiefgeht, dem Individuum zu und sagt: Hättest du eine richtige Ausbildung gemacht, wärst du jetzt nicht arbeitslos. Hättest du dich richtig ernährt, wärst du jetzt nicht krank und würdest uns nicht zur Last fallen. Hättest du dich rechtzeitig beraten lassen, dann wäre deine Beziehung vielleicht nicht gescheitert. Das sind alles Kennzeichen dieses Wahns, dass alles eine eigenverantwortliche Entscheidung sein soll. Aber wir schmieden ja nicht allein an unserem Glück. Und die Chancen auf ein selbstbestimmtes Leben sind ungleich verteilt. Dem hat der Glaube zwei Dinge entgegenzusetzen. Einmal die unbedingte Zusage: Wir müssen uns die Annahme durch Gott nicht verdienen. Und zweitens die christliche Haltung, solidarisch zu sein. Wir sitzen doch alle im selben Boot und wissen, wie angewiesen wir sind auf mitmenschliche Nähe und Unterstützung durch andere.

Ein Thema, das wir jetzt nur am Rande gestreift haben, ist Homosexualität. Das scheint ja ein Feld, wo die Haltung der Kirche bis heute unverrückbar scheint. Da werden auch immer sehr einschlägige Bibelstellen zitiert.

Stephan Goertz: Man muss mit diesen Texten informiert und verantwortlich umgehen. Etwa mit der oft erwähnten Stelle aus Genesis 19, also der Erzählung von der Zerstörung Sodoms durch Gott als Strafe für die Sünde seiner Bewohner. Liest man den Text genau, dann ist klar, dass es hier um eine Gruppenvergewaltigung von Männern durch Männer geht. Um Männer, die unter dem Schutz des Gastrechts standen. An einer anderen bekannten Bibelstelle, dem ersten Kapitel des Römerbriefes, geht es dem Apostel Paulus vermutlich darum, dass Sexualität zwischen Männern die natürliche Ordnung einer patriarchalen Gesellschaft bedroht. Denn ein Mann nehme dabei die untergeordnete Frauenrolle ein. Übrigens geht es immer um männliche Homosexualität, Sexualität zwischen Frauen bleibt unsichtbar. Die erwähnten Bibelstellen haben nichts damit zu tun, was wir heute unter Homosexualität verstehen, nämlich die gegebene sexuelle Orientierung eines Menschen, die weder eine Perversion noch eine Krankheit ist. Homosexualität ist ein Konzept des späten 19. Jahrhunderts. Man könnte also pointiert sagen, in der Bibel steht gar nichts über Homosexualität.

In den Diskussionen um Homosexualität fällt oft auch das Argument, sie sei widernatürlich, weil zwei Männer oder zwei Frauen kein Kind zeugen könnten …

Stephan Goertz: Das stimmt. Im Katechismus stehen die Bibelstellen nur in der Fussnote. Entscheidend ist das naturrechtliche Argument, wonach Sexualität einen Naturzweck hat, dem wir uns zu beugen haben. Und dieser Naturzweck sei die Erzeugung und die Erziehung von Nachkommenschaft. Simpel argumentiert ist dann keine Sexualität zu legitimieren, die das verhindert – also weder Empfängnisverhütung noch Homosexualität. Bis weit ins 20. Jahrhundert hinein war Sexualität im Katholizismus ohnehin nichts Positives. Erst das Zweite Vatikanische Konzil sagt, der eheliche Akt hat eine eigene Würde. Sexualität ist etwas Wertvolles zwischen zwei Liebenden, das unabhängig ist von der Fortpflanzung. Das ist sozusagen revolutionär für die katholische Lehre im 20. Jahrhundert.

Aber eben nur innerhalb der Ehe. Da sind Konkubinatsbeziehungen – egal ob gleich- oder gegengeschlechtliche – ausgenommen.

Stephan Goertz: Ich schlage vor, in der Sexualmoral neu anzusetzen. Wenn die Sexualität nicht mehr in erster Linie einen Naturzweck erfüllt, sondern sich darin eine Beziehung ausdrückt, die auf gegenseitigem Respekt und dem Verzicht auf Gewalt beruht, dann gilt das als Kriterium für Heterosexuelle wie für Homosexuelle gleichermassen.

Rainer Bucher: Interessanterweise ist diese Argumentation schon bis zu einzelnen prominenten Vertretern der kirchlichen Hierarchie vorgedrungen. Man anerkennt zunehmend, dass man eine dauerhafte homosexuelle Beziehung, die auf Treue beruht, anders beurteilen muss als etwa Promiskuität.

Eva-Maria Faber: Wir bekommen immer wieder gesagt, wir sollen unterscheiden zwischen unverbindlichen Beziehungen und Beziehungen, die auf Treue und Verbindlichkeit beruhen. Das Problem ist, dass wir aus dieser Unterscheidung keine Konsequenzen ziehen dürfen.

Es reicht nicht zu sagen: Macht nichts, dass unsere Lehre nicht ganz zu gebrauchen ist, weil wir in der Praxis andere Formen gefunden haben.

Eva-Maria Faber

Die Gesellschaft steht aber schon an einem anderen Punkt. In urbanen Regionen Europas verurteilt man promiske Beziehungen nicht mehr, sondern sagt: Jeder soll nach seiner Façon glücklich werden. Soll die Kirche sich denn überhaupt äussern, welche Art der Lebensführung besser oder katholischer ist als andere – oder soll sie sich heutzutage aus diesen Bereichen ganz heraushalten?

Stephan Goertz: Meines Erachtens sollte sie sich sehr wohl äussern – allerdings nicht, wenn eine Vorstellung von Naturordnung verletzt wird, sondern wenn Menschenrechte betroffen sind, wenn Personen in ihrer Würde und Integrität verletzt werden. Da gibt es auch einen Konsens in der Gesellschaft, dass die Kirche da ihre Stimme erheben soll.

Eva-Maria Faber: Ich glaube nicht, dass wir überhaupt keine Normen mehr brauchen. Gesellschaftlich wird der Bereich der Partnerschaft und Sexualität banalisiert und verharmlost. Man spielt herunter, wie stark das auch mit Verletzungen zu tun haben kann und dass es nicht beliebig ist, wie viele Partnerschaften ich in meinem Leben hinter- oder nebeneinander hatte.

Rainer Bucher: Die klassischen drei Ehezwecke von Augustinus – Treue, Nachkommenschaft und Sakrament, also die Verbindung mit Gott – haben immer noch Gültigkeit, wenn man sie offen interpretiert. Dann wäre zu fragen: Was heisst es, einem Menschen unter heutigen Bedingungen treu zu bleiben? Was heisst Elternschaft heute? Und: Was heisst es, die eigene Partnerschaft in den Horizont Gottes zu stellen? Wir sollten diese drei Ehezwecke als Aufgaben sehen, für deren Lösung es in der Kirche eine hohe Sensibilität, Hilfe und Ressourcen gibt.

Nur: Was die Kirche Menschen in so genannt irregulären Beziehungssituationen heute tatsächlich anbietet, also Geschiedenen, Wiederverheirateten und Homosexuellen, ist lediglich «Gnade und Barmherzigkeit» – im Namen Jesu: Auch er liebte ja den Sünder und die gesellschaftlich Marginalisierten. Das reicht den meisten Menschen aber nicht mehr. Geschiedene und Homosexuelle wollen als vollwertige Mitglieder der Gemeinschaft anerkannt werden.

Stephan Goertz: Barmherzigkeit heisst ja zuerst einmal, dass wir alle der Gnade bedürftig sind. Barmherzigkeit braucht jeder Mensch angesichts der vorher erwähnten eigenen Ambivalenz und Endlichkeit. Der Begriff wird allerdings problematisch, wenn er gewissermassen von oben herab daherkommt. Ich bin im Recht gegenüber einem anderen, der es irgendwie nicht geschafft hat, aber ich verzichte auf eine Sanktion und beweise so meine Barmherzigkeit. Im Grunde geht es bei unserem Thema nicht um Barmherzigkeit, sondern um Anerkennung. Die anderen leben kein falsches Leben, sondern eben ein anderes, aber damit nicht automatisch weniger moralisches Leben.

Eva-Maria Faber: Im Fall einer Scheidung kann es durchaus ein Gefühl geben, man sei dem Partner etwas schuldig geblieben – und dann sucht man die Barmherzigkeit Gottes. Anders ist das beim Thema Wiederheirat, die für die meisten Menschen nicht mit Schuldbewusstsein verbunden ist. In dieser Situation von Barmherzigkeit zu sprechen, ist schwierig.

Die meisten Gläubigen machen, was sie wollen, unabhängig von Rom. Ist das, worum Sie sich als Theologinnen und Theologen so redlich bemühen, überhaupt nötig: nämlich Lehrinhalte weiterzudenken, damit sie heutigen Lebenswirklichkeiten gerecht werden?

Stephan Goertz: Die Gesellschaft hat ein elementares Interesse an einer Selbstzivilisierung von Religion über die Beteiligung am Wissenschaftssystem. Bestimmte allgemeine Standards fordern die Religion und die Theologie heraus. Es geht nicht nur darum, den eigenen Glauben vernünftig zu leben, sondern um das Zusammenleben in einer pluralen Gesellschaft.

Eva-Maria Faber: Es reicht nicht zu sagen: Macht nichts, dass unsere Lehre nicht ganz zu gebrauchen ist, weil wir in der Praxis andere Formen gefunden haben. Es geht um einen sehr wichtigen Bereich, bei dem Normen und Praxis nicht auseinanderfallen sollten. Mein Anliegen als Theologin ist es, durch Reflexion dafür zu sorgen, dass wir als Kirche zu einer kohärenten Position kommen. Es ist nicht genug, dass mir Repräsentanten der Kirche wohlgesonnen sind. Selbst wenn sie mich in meiner Situation anerkennen: In dem Moment, wo sie diese Anerkennung aussprechen, sind sie eigentlich nicht mehr Repräsentanten ihrer Kirche. Denn die Kirche steht in ihren amtlichen Verlautbarungen woanders. Wenn ich zu einer Glaubensgemeinschaft gehöre, möchte ich auch, dass diese Glaubensgemeinschaft als Glaubensgemeinschaft mich in meiner Situation anerkennt.

Die Fragen, die wir jetzt so offen diskutieren, haben Kolleginnen und Kollegen ihre Karrieren gekostet.
Stephan Goertz

In diesem Gespräch sind Sie sich weitgehend einig, wie sich die Kirche verändern sollte. Wenn an diesem Tisch noch ein südamerikanischer Moraltheologe, eine afrikanische Dogmatikerin und ein asiatischer Pastoraltheologe sitzen würden: Wie stark würden sie Ihre Meinung teilen?

Stephan Goertz: Das ist der Standardvorwurf, mit dem theologische Richtungen, die einem nicht passen, marginalisiert werden sollen: zu sagen, das seien westeuropäische Probleme – aber nicht jene der Weltkirche. Dabei tauchen, sobald Gesellschaften ähnliche Entwicklungen durchmachen, auch ähnliche Probleme auf. Dass in bestimmten Teilen der Welt bestimmte Fragen anders angegangen werden als hier in Westeuropa, kann ja nicht heissen, dass wir in Westeuropa zu diesen Fragen keine Antworten geben.

Eva-Maria Faber: Wenn man bestimmte Dinge kritisch hinterfragt hat, wird man auch nicht einfach zulassen, dass für andere Kontinente kritische Fragen verboten werden. Etwa die Frage, wie viel Unrecht Frauen in ehelichen Beziehungen geschieht.

Stephan Goertz: Wir haben auf die Probleme der – biblisch gesprochen – Geringsten zu schauen, derer, die am Rande stehen. Wenn in andern Kontinenten etwa Schwule und Lesben unter Verfolgung leiden, dann willigen sie ja nicht in ihre eigene Unterdrückungssituation ein. Sie leiden. Und das darf uns nicht gleichgültig sein. Wie wir dann klug die Entwicklung der jeweiligen Gesellschaft unterstützen in die Richtung, die wir uns vorstellen, ist noch einmal eine andere Frage.

Rainer Bucher: Schon ganz am Anfang der Bibel, also bei Adam und Eva, in den Schöpfungsgeschichten, liest man von der Einheit des Menschengeschlechts. Das ist die Gleichheit aller menschlichen Wesen und Kulturen in ihren Rechten und Pflichten. Natürlich ist ein naiver Universalismus ein potenzieller Eurozentrismus, aber an dieser grundsätzlichen Gleichheit aller Menschen in ihrer Würde und ihren Rechten muss das Christentum gerade in Zeiten der Globalisierung und der kulturellen Konfrontation festhalten.

Nun hat Papst Franziskus in der Weltkirche eine intensive Diskussion zu Ehe, Familie und Sexualität angestossen. Wie erleben Sie diesen Prozess?

Eva-Maria Faber: Neugierig. Bei früheren Prozessen hat man nicht viel erwartet, oder man hatte schon eine bestimmte Vorstellung, was herauskommen würde. Hier lässt sich das nicht voraussehen. Ich bin allerdings sehr unsicher, wie dieser Prozess enden wird.

Was lässt Sie hoffen, und was lässt Sie fürchten?

Eva-Maria Faber: Mich lässt hoffen, dass eine offene Diskussion möglich geworden ist, wie man sie sich noch vor drei Jahren nicht hätte vorstellen können. Auf der anderen Seite brechen Kontroversen auf, die zeigen, wie schwierig dieser Prozess ist. Ich finde es wichtig, dass jetzt nicht einfach autoritär in eine andere Richtung gesteuert wird, sondern dass es eine Form von Beratung gibt. Gerade das macht es natürlich auch langwieriger. Aber das sind wir in der basisdemokratischen Schweiz ja gewohnt.

Stephan Goertz: Aus der Perspektive der Moraltheologie erlebe ich den Prozess als sehr befreiend. Diese Disziplin stand jahrelang unter so scharfer Beobachtung, dass sich eine Bleischwere ausgebreitet hatte. Es war unglaublich schwierig, diese ganzen Fragen, die wir jetzt so offen diskutieren, überhaupt einmal vorsichtig diplomatisch anzubringen. Das hat Kolleginnen und Kollegen ihre Karrieren gekostet. Am Ende haben viele Theologen geschwiegen. Und vor allem die Bischöfe. Im Moment gibt es Hoffnung, dass der Dialog an die Stelle von Sanktionen tritt. Die Morallehre wird selbstkritischer reflektiert als noch vor ein paar Jahren.

Rainer Bucher: Für die Pastoraltheologie ist das Hoffnungsvolle, dass ihre Perspektiven – die Perspektive der Gegenwart, der Basis und der Praxis – ernst genommen werden für die theologische Theoriebildung. Über Jahrhunderte hat die katholische Kirche der Welt erklärt, wie sie zu sein hat. Die Welt hat sich immer weniger danach gerichtet, und umso beleidigter hat sich die Kirche zurückgezogen. Im Zweiten Vatikanischen Konzil hat sich das umgedreht, und Franziskus führt das weiter. Er sagt nicht der Welt, wie sie zu sein hat, sondern fragt die Welt, wie die Kirche zu sein hat, damit sie ihr hilft. Es ist unklar, wie es ausgeht. Aber zurück können wir nicht mehr.

Warum nicht?

Rainer Bucher: Weil die Ahnung der Veränderung da ist. Wenn das Gatter einmal offen war, weiss jedes Schaf, was Freiheit bedeutet. Selbst wenn es dann wieder geschlossen wird, ist die Situation anders als vorher.

Eva-Maria Faber: Wir hatten ähnliche Hoffnungen beim Zweiten Vatikanischen Konzil. Und danach ist das Steuer noch einmal sehr stark herumgerissen worden. Ich möchte jetzt nicht die Unheilsprophetin sein …

Rainer Bucher: Ich habe nicht gesagt, dass es positiv ausgeht. Nur: Wenn das Steuer wieder herumgerissen würde, wäre die Situation anders als vorher, und zwar viel zugespitzter, viel tragischer.

Eva-Maria Faber: Ich glaube, dass die Auswanderung aus der Kirche dann enorme Züge annehmen würde.

Rainer Bucher: Ich glaube nicht, dass sich ein Global Player, wie es die katholische Kirche ist, in die Schmollecke der Geschichte zurückziehen sollte und überhaupt kann. Das war nie katholisch. Die katholische Kirche wollte schon immer Einfluss haben und die Welt mitgestalten. Und Papst Franziskus interpretiert das nicht imperial, sondern er repräsentiert machtvoll die Ohnmächtigen. Das ist die Rolle, die er spielen will und die die Welt braucht.

Eine aktuelle Untersuchung zu Religion und Spiritualität in der Schweiz zeigt, dass 12 Prozent der Bevölkerung, so genannte Säkulare, nichts mit Glauben und Kirche anfangen können. 57 Prozent gelten als Distanzierte. Sie glauben an «irgendetwas Höheres», gehen aber höchstens noch an Weihnachten oder in Krisensituationen in die Kirche. 13 Prozent werden den Alternativen zugerechnet. Diese sind zwar religiös – aber sie leben ihre Spiritualität nach eigenen Vorstellungen, in esoterischen Gruppen und meistens ausserhalb der Kirchen. Nur noch für rund 18 Prozent der Bevölkerung, die Institutionellen, ist die Zugehörigkeit zu einer Kirche spürbar bedeutsam für das eigene Leben und Glauben.

Nach: J. Stolz, J. Könemann, M. Schneuwly-Purdie, T. Englberger,
M. Krüggeler: Religion und Spiritualität in der Ich-Gesellschaft.
Vier Gestalten des (Un-)Glaubens (Beiträge zur Pastoralsoziologie /
SPI-Reihe 16), Zürich, Edition NZN bei TVZ 2014.

Rainer Bucher, Jahrgang 1956, Studium der Theologie und Germanistik in Freiburg i. Br. und Würzburg, dort Promotion im Fach Fundamentaltheologie. Habilitation für das Fach Pastoraltheologie in Bamberg. Seit 2000 Professor für Pastoraltheologie und Pastoralpsychologie an der Katholisch-Theologischen Fakultät der Universität Graz. Als Pastoraltheologe befasst er sich mit der Frage, wie Kirche funktioniert und wie sie angesichts der sich stetig verändernden Gesellschaft funktionieren sollte.

Eva-Maria Faber, Jahrgang 1964, hat in Münster, Toulouse und Freiburg i. Br. Theologie studiert. Nach Dissertation und Habilitation für die Fachgebiete Dogmatik und Ökumenische Theologie in Freiburg i. Br. ist sie seit 2000 Professorin für Dogmatik und Fundamentaltheologie an der Theologischen Hochschule Chur. Als Dogmatikerin fragt sie, wie kohärent die kirchliche Lehre ist und wie sie sich zu aktuellen gesellschaftlichen Entwicklungen verhält.

Stephan Goertz, Jahrgang 1964, hat in Münster und Bochum katholische Theologie studiert. Promotion und Habilitation im Fach Moraltheologie in Münster. Seit 2010 Lehrstuhlinhaber für Moraltheologie an der Katholisch-Theologischen Fakultät der Universität Mainz. Als Moraltheologe denkt er über das Verhältnis zwischen dem christlichen Glauben und der Moral – also dem autonomen, guten und gerechten Leben – nach.

ES MUSS VON OBEN HERAB ENDLICH ANDERS TÖNEN

Ein Gespräch von Martin Lehmann mit den
Seelsorgefachleuten Marie-Louise Beyeler,
Beat Grögli und Felix Terrier

Nein, die Kirche soll sich nicht einfach kritiklos dem Zeitgeist anpassen. Aber wenn sie ihre Haltung zu Ehe, Sexualmoral und Empfängnisverhütung nicht verändert, verliert sie ihre Verankerung in der Gesellschaft – und damit ihre Glaubwürdigkeit: Dies das einhellige Fazit eines langen Gesprächs unter Seelsorgefachleuten.

Herr Grögli, als Dompfarrer von St. Gallen sind Sie auch Mitglied der Bistumsleitung – wann haben Sie sich zum letzten Mal über die offizielle Lehrmeinung der römisch-katholischen Kirche geärgert?

Beat Grögli: Im Kontakt mit einer Pastoralassistentin, die eine Beziehung zu einem geschiedenen Mann hat. Wenn sie ihn heiraten möchte – was ich richtig fände, denn das wäre Ausdruck der Verbindlichkeit ihrer Beziehung –, dann muss der Bischof der Frau gemäss offizieller Lehrmeinung die Missio canonica, also den kirchlichen Sendungsauftrag entziehen. Sie würde ihre Stelle verlieren.

Auch das «normale Kirchenvolk» ist ja von dieser rigiden Haltung betroffen: Weil die Ehe als unauflöslich gilt, dürfen Geschiedene grundsätzlich nicht wieder heiraten. Tun sie's dennoch, sind sie von den Sakramenten ausgeschlossen.

Beat Grögli: Schon, aber das Kirchenvolk hat sich arrangiert, es hat einen Weg gefunden und entscheidet selbstständig, was es will und was nicht. Bei einem kirchlichen Mitarbeiter hat es unmittelbare Konsequenzen für seine Anstellung.

Der geschiedene Mann könnte ja das Prozedere eines kirchlichen Eheannullierungsverfahrens auf sich nehmen. Seine erste Ehe würde aufgehoben, einer Verbindung mit der Pastoralassistentin stünde nichts im Wege, und sie könnte ihren Job behalten.

Beat Grögli: Das würde ich ihm nie und nimmer empfehlen! Das Eheannullierungsverfahren macht dann Sinn, wenn – als Beispiel – eine Frau mit Migrationshintergrund von ihrer Herkunftsfamilie unter Druck gesetzt und zur Heirat gezwungen worden ist. Oder wenn bei einem Ehepartner bereits zum Zeitpunkt der Trauung aus psychischen oder anderen Gründen der Ehewille nicht gegeben war. Eine solche Ehe kann man kirchenrechtlich für nichtig erklären lassen – aber es ist doch ein Unsinn bei einer Beziehung, die zehn, fünfzehn Jahre gedauert hat und bei der die beiden auch Eltern geworden sind. Von einer solchen Beziehung kann man doch rückblickend nicht sagen, das sei gar keine richtige Ehe gewesen!

Eine nachträgliche Annulierung einer Ehe stellt die ganze Familiengeschichte in ein anderes Licht.
Felix Terrier

Felix Terrier: Zumal ein solches Verfahren die ganze Familie betrifft – und nicht nur den Ehepartner, der jetzt wieder eine neue Verbindung eingehen möchte. Wenn die Ehe dieses Mannes annulliert wird, bedeutet das auch für dessen Frau und die gemeinsamen Kinder, dass es keine richtige Ehe war. Eine nachträgliche Annullierung einer Ehe stellt die ganze Familiengeschichte in ein anderes Licht.

Tut das eine zivilrechtliche Scheidung nicht auch?

Felix Terrier: Nein, ein Scheidungsverfahren beurteilt die aktuelle Situation: Ein Paar hat sich nach zwanzig Jahren Ehe auseinandergelebt, die Beziehung ist gestorben – aber die ersten fünfzehn Jahre der gemeinsamen Zeit waren vielleicht gut und glücklich. Ein Eheannullierungsverfahren hingegen sagt: Die Beziehung war von Anfang an nicht richtig, die ganzen zwanzig Jahre sind mit einem Makel behaftet, die Ehe hat letztlich gar nicht stattgefunden.

Zurück zu Ihrem Ärger, Herr Grögli: Ist der geschilderte Fall der Pastoralassistentin mehr als ein Einzelfall?

Beat Grögli: O ja. Die Scheidungsrate unter kirchlichen Mitarbeiterinnen und Mitarbeitern ist ja nicht kleiner als jene im gesellschaftlichen Durchschnitt.

Marie-Louise Beyeler: Ich kann ja ein bisschen von mir erzählen: Ich bin seit zehn Jahren von meinem Mann getrennt und seit einiger Zeit auch geschieden. Ich habe fünf erwachsene Kinder und zwei Grosskinder, und ich arbeite als Pastoralassistentin in einer katholischen Gemeinde. Als ich vor drei Jahren mein Studium abschloss und die Missio, den kirchlichen Sendungsauftrag, bekommen sollte, gab's ein langes Gespräch mit dem Bischof – nicht nur über meine theologischen Kompetenzen und meine seelsorgerlichen Qualitäten notabene, sondern fast ausschliesslich über meine private Situation. Der Bischof wollte wissen, was ich täte, wenn ich plötzlich wieder einen Mann kennenlernen würde. Was natürlich eine rhetorische Frage war: Wenn ich meine Anstellung als Seelsorgerin der römisch-katholischen Kirche nicht verlieren will, darf ich zeitlebens nie mehr eine Beziehung eingehen. Denn nach katholischem Verständnis ist das Sakrament der Ehe einmalig und unauflöslich, jede neue Beziehung ist somit Ehebruch. Ich müsste, um eine neue Partnerschaft eingehen und weiterhin als Pastoralassistentin arbeiten zu können, meine Ehe annullieren lassen – was ich aus den bereits erwähnten Gründen nie tun würde. Nie! Ich hatte meinen Mann gern, meine Ehe war über weite Strecken glücklich, davon zeugen auch unsere Kinder

Heisst: Wenn Sie im kirchlichen Dienst bleiben wollen, dürfen Sie nie mehr eine Beziehung eingehen …

Marie-Louise Beyeler: … oder ich muss sie verheimlichen. Ja, das sind die Optionen. Und sie treffen wohl bei einigen zu, auch bei Priestern. Beziehungen werden versteckt gelebt – sicher keine entspannte Sache. In den meisten Fällen passiert den Betroffenen aber nichts: Wo kein Kläger, da kein Richter.

Felix Terrier (aufgeregt): Wir leben in einem System, in dem alle Beteiligten unglücklich sind! Nehmen wir den Fall aus dem Bistum St. Gallen, den Herr Grögli geschildert hat: Die Pastoralassistentin leidet, weil sie ihre Anstellung zu verlieren droht; deren neuer Partner leidet, weil er womöglich seine erste Ehe für nichtig erklären muss; die Gemeinde leidet, weil ihr eine bewährte Mitarbeiterin abhandenkommen könnte; und der Bischof leidet, weil er einen Entscheid fällen muss, den er gar nicht fällen möchte. Ist das die Freiheit, zu der uns unser Glaube befähigen will?

Wie erfährt ein Bischof überhaupt von solchen Fällen?

Beat Grögli: Die werden ihm von fleissigen Kirchenmitgliedern gemeldet. Es kommen regelmässig lange Briefe ans Bistum, in denen die irreguläre Situation des Pfarreibeauftragten X oder der Pastoralassistentin Y detailliert aufgeführt ist. Stets natürlich mit Kopie an den päpstlichen Nuntius in Bern, an irgendwelche Kardinäle und an die Bischofskonferenz. Dann steht ein Bischof zwangsläufig unter Druck, er muss auf die brieflichen Anwürfe reagieren.

Felix Terrier: Aber seine Reaktion könnte auch darin bestehen, dass er sich vor seine Leute stellt und sagt: Die Situation ist zwar kirchenrechtlich nicht sauber – aber ich entziehe dieser Person sicher nicht die Missio, denn sie macht nämlich in der Gemeinde einen guten Job.

Marie-Louise Beyeler: Dass Bischöfe viel mehr Rechte hätten, als sie nutzen, sagen auch etliche Kirchenrechtler: Ein Bischof könnte sich aufs Ortskirchenrecht berufen – und dieses vors allgemeine Kirchenrecht stellen.

Dann bekäme er es mit Rom zu tun.

Felix Terrier: Und dann wäre es spannend zu beobachten, was passiert.

Nur weichen Bischöfe diesem Machtkampf gewöhnlich aus, indem sie die kirchenrechtlichen Gegebenheiten strikt anwenden und die Leute versetzen. Oder sie tun gar nichts und sitzen die Fälle aus.

In der Frage, wie mit wiederverheirateten Geschiedenen umzugehen ist, produziert die kirchliche Lehrmeinung nur Leid.
Felix Terrier

Die offizielle Lehrmeinung darf doch nicht das einzige Kriterium eines solchen Entscheids sein. Es sollte doch in erster Linie um das Wohl der Menschen gehen – und nicht um die Erfüllung eines umstrittenen kirchlichen Gesetzes.

Beat Grögli: Mich stört, dass Sie, Herr Terrier, eine kirchliche Norm von Vornherein als Gegensatz zur menschlichen Freiheit und Entfaltung darstellen. Eine kirchliche Norm kann im Leben auch ein Orientierungspunkt sein. Oder wenigstens ein wichtiger Stolperstein.

Felix Terrier: Das stimmt, und ich sage ja auch nicht generell, dass kirchliche Lehrmeinungen der befreienden Botschaft des Evangeliums entgegenstehen. Aber in der Frage, wie mit wiederverheirateten Geschiedenen umzugehen ist, produziert die Lehrmeinung nur Leid.

Beat Grögli: Da gebe ich Ihnen Recht.

Was braucht's denn, Herr Grögli?

Beat Grögli: Die römisch-katholische Kirche könnte sich beim Umgang mit geschiedenen Paaren an der Position der orthodoxen Kirche orientieren.

In der katholischen Kirche ist eine Ehe ja nur dann legitim zu Ende, wenn ein Ehepartner stirbt – dann kann man wieder heiraten. Die orthodoxe Kirche sagt: Auch eine Ehe kann sterben! Das erleben ja viele Paare in der Schweiz: Sie möchten eigentlich den ganzen Lebensweg gemeinsam verbringen, versprechen sich das auch, sind guter Hoffnung – und erleben dann schmerzvoll, dass es nicht geht. Das sollte man endlich auch kirchenrechtlich wahrnehmen.

Und was heisst das dann konkret? Dass Geschiedene noch einmal kirchlich heiraten könnten?

Beat Grögli: Nein, es wäre nicht dasselbe wie bei einem Ehesakrament: Die Liturgie ist eine andere, es fehlen zum Beispiel gewisse Elemente in der Feier.

Also eher ein Segen. Den hingegen bekommen Sie schon heute, wenn Sie sich an den richtigen Pfarrer wenden. Sie zum Beispiel, Herr Terrier, bieten Segnungsfeiern für Wiederverheiratete schon seit mehr als zehn Jahren offensiv an.

Felix Terrier: Ja, weil auch wiederverheiratete Menschen ihre neue Partnerschaft verbindlich leben wollen und sich dafür ein Ritual wünschen, bei dem sie um Gottes Beistand bitten.

Beat Grögli: Dass es solche Feiern schon heute gibt, ist wichtig. Aber das Entscheidende ist, dass die neue Beziehung in der orthodoxen Kirche kirchenrechtlich in Ordnung ist. Würde die römisch-katholische Kirche diese Praxis übernehmen, könnten Geschiedene, die nochmals heiraten wollen, wieder in einem regulären Zustand leben. Den Wiederverheirateten stünden auch die Sakramente offen – in der katholischen Kirche sind sie ja heute davon ausgeschlossen. Und kirchlichen Mitarbeitern würde nicht die Entlassung drohen.

Marie-Louise Beyeler: Den Geschiedenen sollte die Kirche tatsächlich entgegenkommen. Mein Ex-Mann und ich zum Beispiel: Wir sind einen langen Weg gemeinsam gegangen. Aber unterwegs hat sich so viel verändert, dass wir uns eingestehen mussten, dass unsere Beziehung ins Alter hinein keine Perspektive mehr hat. Das sollte auch die Kirche so stehen lassen können. Angenommen, er oder ich gingen eine neue Beziehung ein, sollten wir auch den Segen der Kirche in Anspruch nehmen können. Damit würde berücksichtigt, dass Menschen, auch wenn sie guten Willens sind, scheitern können.

Felix Terrier: Und gleichzeitig sollen solche Segnungsfeiern einen ebenso verbindlichen Charakter haben wie eine Hochzeit. Bei mir jedenfalls kann man eine Segnungsfeier nicht einfach so bestellen wie einen Sonntagszopf in der Bäckerei – einem solchen Ritual gehen lange Gespräche und Auseinandersetzungen mit dem Paar voraus.

Zu Ihrem Vorschlag, Herr Grögli, die Haltung der orthodoxen Kirche zu übernehmen: Ja, in diese Richtung kann es gehen. Allerdings dürfte man auch darüber nachdenken, ob es wirklich nur ein einmaliges Ehesakrament geben darf. Eine Beziehung kann sterben, darin sind wir uns einig – aber wenn später eine neue Ehe geschlossen wird, mit ebenso redlichen Absichten wie bei der ersten: Warum soll es da bloss eine amputierte Form von kirchlichem Ritual geben? Warum hat nicht auch eine zweite Ehe ein Sakrament verdient? Warum muss so unbedingt an der Unauflöslichkeit der Ehe festgehalten werden? Warum kann der Tod einer Beziehung nicht dem Tod eines Ehepartners gleichgestellt werden? Wenn Gott doch dabei war, als der Bund geschlossen wurde: War er denn nicht auch – selber leidend – dabei, als der Ehebund starb?

Marie-Louise Beyeler: Das darf man diskutieren – doch selbst ich, die Geschiedene, erwarte von meiner Kirche, dass sie die Ehe weiterhin als etwas Heiliges betrachtet, zu dem man Sorge tragen soll. In einer Zeit, in der Beziehungen wie ein Wegwerfprodukt behandelt werden, steht es der Kirche gut an, eine andere Position zu vertreten. Sie soll dafür einstehen, dass es sinnvoll sein kann, eine Partnerschaft nicht in der erstbesten Krise aufzugeben. Gleichzeitig wünsche ich mir, dass die römisch-katholische Kirche die Lebensrealität ihrer Mitglieder zur Kenntnis nimmt und ihnen etwas anbieten kann. Wie leben Paare heute? Dass die Hälfte der Ehen heute geschieden wird, ist kein schweizerisches Phänomen, das ist zunehmend auf der ganzen Welt so. Man muss dieser Situation mit einer klugen pastoralen Lösung begegnen. Und nicht stur an einer Lehrmeinung festhalten, die sich überlebt hat. Ich habe immer wieder verzweifelte Menschen bei mir in der Seelsorge, die von einem konservativen Priester zu hören bekommen haben, dass sie aufgrund ihrer Scheidung nicht mehr zur Kommunion zugelassen sind. Das, was ihnen wichtig ist, wird ihnen verweigert, obschon sie an ihrer Situation keine Schuld tragen.

Felix Terrier: Zur gesellschaftlichen Realität gehört übrigens auch, dass die Lebenserwartung und damit auch die Eheerwartung heute viel höher ist als damals, als diese Lehrmeinung konstruiert worden ist – kann man sich ernsthaft versprechen, sechzig Jahre zusammenzubleiben? Dass es gelingen kann und auch immer wieder gelingen darf, ist wunderbar – aber kann man ernsthaft erwarten, dass es gelingen muss? Kommt dazu, dass das katholische Verständnis der Ehe ganz generell überdacht werden muss. Wir haben jetzt ein Eheverständnis, das sehr stark auf die Sexualität ausgerichtet ist – und das ist fatal. Theoretisch dürfte, wer physisch nicht zum Geschlechtsakt fähig ist, gar nicht heiraten! Weil er sich nicht fortpflanzen kann. Sobald man die Ehe nicht mehr auf den Fortpflanzungsakt reduziert, wird man auch in anderen Bereichen Anpassungen vornehmen müssen.

Sind Sie in Seelsorgegesprächen konfrontiert mit Menschen, die an den Nöten ihrer Ehe fast zerbrechen, aber – teils trotz Gewalt und Zerrüttung – ausharren, einfach, weil sie vor Jahren das Ehesakrament empfangen haben und die Ehe als unauflöslich verstehen?

Beat Grögli: Ja, ziemlich oft sogar. Vor allem von Frauen mit Migrationshintergrund, denen das Dogma der Eheunauflöslichkeit schier mit der Muttermilch eingegeben wurde. Manchmal ist ihre Beziehung, man kann es nicht anders sagen, die Hölle. Meist sind es nicht sie, die fragen: Muss ich das jetzt einfach durchstehen, weil die katholische Kirche sagt, die Ehe sei unauflöslich? Nein, meist bin ich es, der fragt: Wollen Sie wirklich so weitermachen, auch bis zur absoluten Selbstaufgabe? Ich rufe in solchen Fällen auch in Erinnerung, dass es im katholischen Recht die «Trennung von Tisch und Bett» gibt – eine räumliche Trennung der Ehepartner ist nicht einfach tabu. Es ist ein Mittel, eine unerträgliche Situation zu erleichtern.

Das heisst: Dompfarrer Grögli rät solchen Frauen auch mal ganz explizit, ihren Mann zu verlassen?

Beat Grögli: Ja, das kann vorkommen. Und meistens sage ich ihnen damit dasselbe, was ihnen zuvor schon alle ihre Kinder und Freundinnen geraten haben. Aber sie wollen es halt vom Priester hören … Allerdings gibt es auch Priester, die sagen: Unabhängig davon, wie schlimm deine Ehe ist: Du musst das ertragen!

Felix Terrier: Die «Trennung von Tisch und Bett» ist allerdings nicht mehr als eine Krisenintervention: Das akute Problem wird zwar entschärft, kirchenrechtlich aber bleibt die Frau mit ihrem – vielleicht gewalttätigen – Mann bis ans Ende ihrer Tage verbunden. Und das ist absurd. Wenn die Frau eine neue Beziehung eingehen will …

Beat Grögli: … solche Frauen sind meist so traumatisiert, dass sie kaum mehr je die Nähe zu einem Mann suchen …

Felix Terrier: … aber wenn sie eine Beziehung eingehen will, hat sie dasselbe Problem wie alle anderen auch: Sie darf nicht mehr zu den Sakramenten.

Theoretisch stimmt das, dass wiederverheiratete Geschiedene nicht mehr zur Kommunion dürfen – aber in der Praxis fragt doch kaum je ein Priester nach dem Zivilstand! Verweigern Sie jemandem die Kommunion, Herr Grögli?

Beat Grögli: Nein. Wer zur Kommunion kommt, dem traue ich zu, dass er weiss, was ihn hier erwartet: Er will das empfangen, was die katholische Kirche jetzt gibt. Ich nehme das Gewissen dieser Menschen ernst und überlasse es ihrer Eigenverantwortung – auch wenn ich damit kirchlich vielleicht ungehorsam bin. (lacht)

Felix Terrier: Ich mache es auch so: Es liegt nicht an mir, zu beurteilen, ob jemand würdig ist, die Kommunion zu empfangen. Es gibt ja eigentlich zwei theologische Positionen zum Thema Kommunion. Die eine: Die Kommunion ist eine Feier jener, die zur Gemeinschaft gehören. Um sie empfangen zu dürfen, muss man Teil dieser Gemeinschaft sein. Drum darf jemand, der in Sünde lebt, nicht zur Kommunion, bevor er nicht Busse getan hat. Die andere: Die Kommunion ist die Bestärkung dafür, dass ich in die Gemeinschaft finde. Sie ist Wegzehrung. Gerade weil ich gescheitert und gebrochen bin, bekomme ich die Kommunion, in der Gott mir nährende Gemeinschaft schenkt, sich zuwendet. – Ich bin Vertreter der zweiten Schule.

Marie-Louise Beyeler: Ich auch. Ein Sakrament soll den Menschen begleiten, bestärken, ermutigen. Ich habe noch nie jemanden zurückgewiesen. Wer zur Kommunion kommt, hat ein Bedürfnis, und das erfülle ich. Ich gebe auch einem schwulen Paar ohne Weiteres die Kommunion. Einem Geschiedenen auch. Und Reformierten sowieso: Ein grosser Teil meiner Gemeinde lebt in gemischtkonfessionellen Partnerschaften.

Dadurch, dass die Kirche kategorisch formuliert «Kein Sex ausserhalb der Ehe», macht sie sich als Gesprächspartnerin unmöglich.
Beat Grögli

Felix Terrier: Das Verrückte ist ja: Gemäss katholischer Lehrmeinung wird ein verheirateter Mann, der seine Frau nicht mehr liebt, nicht vom Sakrament ausgeschlossen – einer aber, der die falsche Frau liebt, schon. Mit Verlaub: Das ist unsinnig.

Unsinnig sei auch, dass das katholische Eheverständnis «noch viel zu stark von der Sexualität geprägt» sei, haben Sie vorhin gesagt, Herr Terrier. Was meinen Sie damit?

Felix Terrier: Aus katholischer Warte ist die Ehe der einzige Ort, wo Sexualität erlaubt ist, und Sexualität ist nur im Hinblick auf die Reproduktion erlaubt. Aber heute heiraten längst nicht mehr alle mit der Absicht, eine Familie zu gründen: Viele wollen keine Kinder oder warten mit der Hochzeit bis Mitte Vierzig, bis sie vielleicht nicht mehr zeugungs- bzw. empfängnisfähig sind – dürfen sie unter diesen Bedingungen gar nicht heiraten? Das geht doch nicht mehr auf!

Und man müsste sowieso auch mal darüber reden, was die «Treue» denn bedeutet, die sich katholische Ehepartner versprechen. Bei meinen Trauugesprächen ist das ein ganz wesentlicher Punkt. Ich erwarte vom Brautpaar, dass es diesen Begriff klärt. Ich kenne viele Leute, bei denen Treue rein gar nichts mit der Sexualität zu tun hat. Nicht, dass bei ihnen der Seitensprung auf der Tagesordnung stünde – aber Treue wird bei ihnen nicht mit sexueller Treue gleichgesetzt. Dem Partner treu zu sein, hat andere, viel weitergehende Aspekte.

Sexuelle Treue ist nicht das einzige und schon gar nicht das wichtigste Indiz für Treue, sagen Sie, Herr Terrier. Damit sagen Sie ja eigentlich auch: Sexualität braucht nicht nur innerhalb der Ehe stattzufinden. Genau dies fordert aber die katholische Lehrmeinung. Hat die keine Bedeutung mehr? Gibt es überhaupt noch katholische Paare, die vor ihrer Heirat noch nicht zusammen im Bett waren?

Beat Grögli: Tatsächlich bedeutet die Doktrin «Kein Sex ausserhalb der Ehe» letztlich auch «Kein Sex vor der Ehe». Ich vertrete diesen Hardcoreansatz nicht. Aber ich sage: Der Grad der Intimität sollte mit dem Grad der Verbindlichkeit einer Beziehung korrespondieren. Sexualität ist dann angemessen, wenn eine

Beziehung bereits eine gewisse Verbindlichkeit erreicht hat. Das ist noch immer ein klares Statement gegen One-Night-Stands und gegen die Promiskuität, ein Statement, das der Gesellschaft dringend zur Kenntnis gebracht werden müsste – dadurch aber, dass die Kirche kategorisch formuliert «Kein Sex ausserhalb der Ehe», macht sie sich als Gesprächspartnerin unmöglich. Sie ist nicht mehr Teil des Diskurses. Ich bin mitnichten dafür, dass die Kirche sich in allen Themen dem Zeitgeist anpassen soll – aber es gibt aktuelle Positionen, mit denen sie sich von Vornherein ins Abseits manövriert hat und gar nicht mehr ernst genommen werden kann. Das ist fatal.

Marie-Louise Beyeler: Mit dem Satz «Kein Sex vor der Ehe» kann ich den vierzehn-, fünfzehnjährigen Jugendlichen im Unterricht jedenfalls nicht kommen. Die haben Sex, wollen Sex haben, er gehört fraglos dazu, wer nicht mitmacht, gilt als rückständig. Was hat die katholische Kirche ihnen zu sagen? Meistens spricht sie in gewisser Weise an den Leuten vorbei: Ihre Botschaft hat nichts mit dem Leben der Jugendlichen zu tun, sie muss zuerst übersetzt werden.

Wie übersetzen Sie?

Marie-Louise Beyeler: Ich bin sicher nicht die, die ihnen sagt, mit dem Sex müsse man bis zur Heirat warten. Ich kann ihnen zu vermitteln versuchen, dass es etwas ganz Kostbares, Wunder-bares ist, wenn zwei Menschen sich ganz nahe sind und mitein-ander Sex haben – und dass das kein Konsumgut ist wie eine Cola mit Eis. Dass zum Sex auch Achtsamkeit, Wertschätzung, Behutsamkeit gehören.

Kommt das an?

Marie-Louise Beyeler: Um ehrlich zu sein: Die meisten Jungen foutieren sich um die Haltung der Kirche. Sie hat sich, wie Beat Grögli gesagt hat, mit ihren Radikalpositionen zur Sexualität un-möglich gemacht. Die Kirche, der Religionsunterricht, das Seel-sorgegespräch: Das sind nicht mehr die Orte, wo diese Themen zur Sprache gebracht werden.

Sicher steht es der katholischen Kirche gut an,
in Sachen Sexualmoral die Messlatte anders anzusetzen als
die zivile Gesellschaft.
Marie-Louise Beyeler

«Der Grad der Intimität soll sich am Grad der Verbindlichkeit einer Beziehung orientieren», haben Sie, Beat Grögli, vorhin gesagt – gilt dieser Satz auch für gleichgeschlechtliche Paare?

Beat Grögli: Nun, zur offiziellen katholischen Lehrmeinung gehört nach wie vor, dass gleichgeschlechtliche Liebe ein «Ausdruck einer affektiven Unreife» sei. Aus kirchlicher Sicht ist sie verboten.

Gleichzeitig hilft dieser Satz niemandem weiter. Darum ist es wichtig, ein homosexuelles Paar im Gespräch auf dasselbe aufmerksam zu machen wie ein heterosexuelles: dass es sorgfältig mit seiner Beziehung umgehen soll – es gibt auch eine Gay-Culture, die schlicht menschenunwürdig ist vor lauter Promiskuität.

Felix Terrier: Aber letztlich sind wir wieder beim selben Grundproblem: Weil für die katholische Kirche alles Sexuelle der Reproduktion dient, wird die gleichgeschlechtliche Liebe verfemt – denn ihr können keine Kinder entspringen.

Was bräuchte es denn in diesem Bereich Ihrer Meinung nach für Korrekturen?

Beat Grögli: Mindestens wahr- und ernstnehmen, dass es gleichgeschlechtlich Liebende gibt – und sie nicht behandeln, als wären sie eine Eiterbeule.

Würden Sie ein schwules oder lesbisches Paar auch segnen?

Beat Grögli: Wenn mir im ausführlichen Vorgespräch deutlich wird, dass die beiden es ernst meinen miteinander; wenn ich merke, ihre Beziehung ist echt und verbindlich und ihnen liegt etwas am kirchlichen Segen – ja, dann würde ich das tun.

Auch im Dom von St. Gallen?

Beat Grögli (lacht): Nein. Da würde die Feier zwangsläufig zu einem politischen Manifest für die Rolle der Homosexuellen in Gesellschaft und Kirche. Dazu biete ich nicht Hand. Da lasse ich mich

nicht instrumentalisieren – übrigens auch nicht von einem heterosexuellen Paar, das irgendein Anliegen hat.

Felix Terrier: Allerdings wäre genau dieses Signal der Kirche in Richtung der Homosexuellen dringend nötig – drum wäre es mir auch egal, wenn eine Segnungsfeier für zwei lesbische Frauen oder zwei schwule Männer nebenbei auch noch ein kirchenpolitisches Zeichen setzen würde. Jede Partnerschaft, jede Liebe ist ein Geschenk Gottes, auch die homosexuelle, und deshalb mache ich auch keinen Unterschied zwischen Segnungen von heterosexuellen und homosexuellen Paaren. Ich habe schon ein paar solcher Feiern gemacht – teils auch von auswärtigen Paaren, die einen solchen Segen an ihrem Wohnort nicht feiern konnten.

Bei Ihnen, Herr Terrier, sind gleichgeschlechtliche Paare also explizit willkommen, bei Ihnen, Herr Grögli, mindestens nicht unwillkommen, und dann gibt es noch Priester, die mit homosexuellen Paaren schlicht nichts zu tun haben wollen: Es macht in diesem Bereich also jeder ein bisschen das, was er will …

Felix Terrier (lacht): … nun, vielleicht hat meine offensive Haltung auch damit zu tun, dass ich nicht Dompfarrer bin!

Beat Grögli: Ich habe eine dezidiert andere Meinung als Felix Terrier, der sagt, er mache zwischen einem hetero- und einem homosexuellen Paar keinen Unterschied. Das ist für mich nicht auf derselben Ebene. Man kann die Nachkommenschaft nicht einfach rausnehmen aus der Ehetheologie. Die Ehe ist der gute Ort für Kinder. Und gleichzeitig gebe ich zu: Ich weiss nicht, welche Haltung die katholische Kirche in dieser Frage einnehmen soll. Ich weiss nur: sicher eine andere als heute. Wir sind als Kirche zwar auf dem Weg – aber zu langsam. Da gibt es Handlungsbedarf.

Wo noch?

Beat Grögli: Wie schon erwähnt: im Bereich der Sexualmoral, wo wir mit unseren Maximalformulierungen völlig aus dem gesellschaftlichen Diskurs gefallen sind. Gerade auch im Bereich der Empfängnisverhütung. Das Verbot der künstlichen Verhütung ist dermassen absolut formuliert, dass sich schlicht niemand mehr daran orientiert. Es spielt doch eine Rolle, ob ein Paar schon fünf Kinder hat oder noch keins, ob eine Frau erst 25- oder schon 45-jährig ist. Da erhoffe ich mir von der Bischofssynode in Rom schon Schritte der Öffnung.

Felix Terrier: Die offizielle Sprache der Kirche ist stets jene der Verneinungen und Verbote. Das hat sich in den Köpfen der Menschen eingeprägt – und darum hat die Kirche auch keine Bedeutung mehr. Was es aber bräuchte, sind echte Lebenshilfen. Die müssen sich nicht an den neusten Trends orientieren – die müssen aber mit der real existierenden Gesellschaft zu tun haben.

Marie-Louise Beyeler: Sicher steht es der katholischen Kirche gut an, in Sachen Sexualmoral die Messlatte anders anzusetzen als die zivile Gesellschaft. Daran halte ich fest. Gleichzeitig ist diese kirchliche Messlatte inzwischen so weit oben, dass man sie gar nicht mehr sieht – fast in den Wolken, jenseits jeder Realität. Da braucht's ein Entgegenkommen.

Die Spannung zwischen der kirchlichen Lehrmeinung und der gesellschaftlichen Wirklichkeit zerreisst einen fast.
Marie-Louise Beyeler

Sie, Herr Grögli, geben die Kommunion allen, die sie wollen – auch wenn sie in irregulärer Beziehung leben. Sie, Herr Terrier, segnen gleichgeschlechtliche Paare. Sie, Frau Beyeler, sprechen mit 14-jährigen über Sexualität, obwohl es noch kein bisschen ums Heiraten geht. Sie alle tun unter dem Label Seelsorge, Gewissensfreiheit oder pastorale Verantwortung schon jetzt Dinge, die jenseits der katholischen Lehrmeinung stehen. Warum ist es denn trotzdem so wichtig, dass sich diese ändert?

Marie-Louise Beyeler: Weil die Spannung zwischen der kirchlichen Lehrmeinung und der gesellschaftlichen Wirklichkeit einen fast zerreisst. Es muss von oben herab endlich anders tönen, sonst hat die Kirche definitiv keinen Lebensbezug mehr, findet die Sprache nicht mehr, die von den Menschen heute verstanden wird. Das ist in meiner persönlichen Arbeit als Seelsorgerin eine echte Schwierigkeit.

Felix Terrier: Mir geht es genauso. Ja, letztlich spüren viele Katholikinnen und Katholiken diese Spannung. Denn es gibt ja nicht nur jene Seelsorger wie wir drei, die sich um eine Übersetzung – und ja: auch um eine Relativierung – der kirchlichen Lehrmeinung bemühen, es gibt auch jene, die ebendiese Lehrmeinung ohne jede Abstriche und in ihrer ganzen Rigidität vertreten. Das verunsichert doch auch die Menschen an der Basis: Was gilt jetzt?

Ja, was gilt jetzt?

Felix Terrier: Ich bin tief davon überzeugt, dass es nicht nur die offizielle Lehrmeinung der Kirche gibt, sondern auch die Realität, die von den Glaubenden definiert wird. Die katholische Kirche ist zu gross, als dass es in ihr bloss eine einzige Wahrheit gäbe. Es gibt eine Wahrheit, die als Lehrmeinung definiert ist – und es gibt die Wahrheit, die aus dem Leben der Menschen in den Pfarreien in die Kirche einfliesst. Warum sollte Letztere weniger wert sein als Erstere? Die Kirche wird von der einen ebenso geprägt wie von der anderen.

Beat Grögli: Und gleichzeitig ist es fatalerweise genau diese Lehrmeinung, die in unserer globalen Mediengesellschaft das Bild der katholischen Kirche prägt – und darum muss man hier ansetzen. Man muss die Haltung zur Ehe, zur Sexualmoral, zur Empfängnisverhütung anpassen, damit der garstige Graben zwischen Lehre und gelebter Praxis nicht noch grösser wird. Ich möchte die kirchliche Lehre nicht einfach abschaffen, ich möchte sie als Orientierungspunkt behalten – aber wenn dieser Gap noch grösser wird, sind wir schlicht nicht mehr glaubwürdig.

Marie-Louise Beyeler, Jahrgang 1955, machte eine Buchhändlerinnenlehre und arbeitete später als Journalistin, zog als Familienfrau fünf Kinder gross und engagierte sich ehrenamtlich in zahlreichen kirchlichen Gremien in der Stadt Bern. Im Alter von 51 Jahren begann sie in Freiburg i. Üe. ein Theologiestudium, das sie 2011 abschloss. Seit 2012 ist sie Pastoralassistentin in Büren a. A.

Beat Grögli, Jahrgang 1970, studierte Theologie in Freiburg i. Üe., Wien und Innsbruck. Seit der Priesterweihe ist er in verschiedenen Pfarreien der Stadt St. Gallen tätig, 2003–2006 absolvierte er an der päpstlichen Universität Gregoriana in Rom ein Zusatzstudium in Psychologie. Seit 2013 ist er Dompfarrer in St. Gallen und Mitglied der Bistumsleitung.

Felix Terrier, Jahrgang 1958, studierte Theologie in Luzern und Paris. Nach der Priesterweihe arbeitete er in verschiedenen Pfarreien in den Kantonen Aargau und Basel-Landschaft, seit 2013 ist er Pfarrer in Aesch BL.

MIT DER BIOLOGIE ALLEINE KANN MAN NICHT ARGUMENTIEREN – GENDERFRAGEN UND SEXUALETHIK

*Ein Gespräch von Heidi Kronenberg mit
Regina Ammicht Quinn*

Es gibt keine «natürliche» Geschlechterordnung und darum auch keine «widernatürliche» Sexualität, sagt die katholische Theologin und Tübinger Ethikprofessorin Regina Ammicht Quinn. «Gute Partnerschaft, gutes Leben ist nicht an eine bestimmte sexuelle Orientierung gebunden.» Die Genderforscherin wünscht der römisch-katholischen Kirche, dass diese ihre jahrhundertelange Körperfeindlichkeit aufgibt.

Regina Ammicht Quinn, zweimal standen Sie ganz oben auf der Berufungsliste für einen Lehrstuhl in Moraltheologie – im Jahr 2000 in Augsburg, drei Jahre später in Saarbrücken. Zweimal verweigerten Ihnen die Bischöfe das «Nihil obstat», die Unbedenklichkeitserklärung. Hat dies mit Ihrer Kritik an der römisch-katholischen Sexualmoral zu tun?
Regina Ammicht Quinn: Das kann man nur vermuten. Begründet wurde die Verweigerung des «Nihil obstat» nicht. Es kam einfach ein Nein aus Rom. Der eine Ortsbischof meinte, Moraltheologie sei im Kern Unterricht in Beichtpraxis – und dazu brauche es einen Priester. Der andere belehrte mich, in der Theologie gehe man nicht von Erfahrung aus, das sei keine theologische Kategorie. Für mich als Wissenschaftlerin und Mutter zweier Kinder aber schon. Ich habe das Leben mit Kindern immer als Wahrheitskriterium gesehen: Was ich vormittags am Schreibtisch formulierte, musste auch nachmittags in der Kinderarztpraxis oder auf dem Kinderspielplatz Gültigkeit haben.
Wie gingen Sie mit diesen Zurückweisungen um?
Es war sehr schmerzhaft. Aber ich schwor mir, deswegen nicht zu verbittern. Eine grosse Stütze war mir meine Familie. Mein Sohn malte mir zum Trost einen Lehrstuhl. Die Zeichnung hängt bis heute in meinem Arbeitszimmer. Und meine Tochter schenkte mir ein Bilderrätsel: Zu sehen war ein breiter Fluss

über einer Stadt. Des Rätsels Lösung: «Nil ob Stadt». So kam ich also doch noch zu einem «Nihil obstat».

Wie kommt es, dass viele Leute den Eindruck haben, die katholische Kirche befasse sich permanent mit Themen rund um die Sexualität?

Sexualität ist für uns alle ein wichtiges, auch angstbesetztes Thema. Sie durchdringt sämtliche Lebensbereiche und wirft Fragen auf: Was ist ein gutes Leben? Wie lebe ich richtig? Wie kann ich Intimität mit anderen Menschen teilen? Aber in der katholischen Kirche mit ihrer patriarchalen, auf dem Zölibat aufgebauten hierarchischen Struktur ist die Angst vor der Sexualität noch um vieles grösser.

«Geschlecht» hat viele Komponenten: politische, kulturelle, soziale und selbstverständlich auch biologische, aber eben nicht ausschliesslich.
Regina Ammicht Quinn

Die katholische Kirche versucht, die Sexualität kleinzuhalten, macht sie aber genau dadurch zum Dauerthema.

Die Kirche ist auf die Sexualität fixiert. Dies führt dazu, dass ein bestimmtes «korrektes» sexuelles Verhalten – die lebenslange heterosexuelle Ehe, die Ablehnung aller anderen Formen von Partnerschaft und Familie – zur katholischen Identität erhoben wird. Und das in einer Welt voller Kriege, Genozide und Hunger! Absurd.

Warum tut sich ausgerechnet das Christentum, das ja die Religion der Inkarnation, der Fleischwerdung Gottes ist, so schwer mit Sexualität?

Die Körperfeindlichkeit ist das grosse, tragische Missverständnis des Christentums. Gott wird Mensch – genauer: Gott wird Fleisch. Was heisst das für unser eigenes Fleisch? Dass es minderwertig ist? Dass es eigentlich gar nicht da sein sollte? Wenn wir von diesem Wort den jahrhundertealten Schleier, den theologischen Weichzeichner entfernen, wird deutlich, dass es ein anstössiges Wort ist und auch so gemeint war. Fleischwerdung darf nicht nur als Ausnahme-Inkarnation verstanden werden. «Fleischwerdung» – auch als Integration der Körperlichkeit, der Sexualität ins Leben – ist eine Aufgabe des Menschseins, die in der Kirche nie wirklich angekommen ist.

Warum nicht?

Das sehen wir schon bei Tertullian und Origenes, Kirchenväter im dritten Jahrhundert. Sie waren der Ansicht, dass die Seele im Körper gefangen sei wie in einem Kerker. Und man deshalb den Körper abtöten müsse. Und wie tötet man ihn ab? Man verweigert ihm seine Bedürftigkeiten, durch Fasten und durch sexuelle Abstinenz. Die Körperfeindlichkeit hat sich sehr früh eingeformt ins Christentum – auch wenn es Mystikerinnen und Mystiker gab, die hier ganz andere Zugänge eröffnet haben. Etwas von dieser Kasteiung ist bis heute in unsere Körper eingeschrieben: In jeder Frühjahrsdiät, in jeder «Fastenzeit» scheint noch ein Stück der Züchtigung des Körpers durch, die uns vor uns selbst als tugendhaft erscheinen lässt.

Sie befassen sich wissenschaftlich mit Körper, Geschlecht und Sexualität – als Direktorin des Zentrums für Gender- und Diversitätsforschung an der Universität Tübingen. Kritiker der Gendertheorie sehen darin ein Instrument, «gottgegebene» Unterschiede zwischen Frau und Mann einzuebnen. Was entgegnet die Genderexpertin?

An solchen Argumentationen sieht man, mit welchen Feindbildern hier gearbeitet wird. Das tönt ja, als ob wir Gottes Plan durchkreuzen wollten, wenn wir über «Gender» sprechen. In der Genderforschung geht es schlicht darum zu sehen, dass das biologische Geschlecht (englisch: sex) nicht alles ist und komplex verbunden ist mit einem sozialen Geschlecht (englisch: gender). Denn «Geschlecht» hat viele Komponenten: politische, kulturelle, soziale und selbstverständlich auch biologische, aber eben nicht ausschliesslich.

Zuweilen hört man den Vorwurf, die Genderforschung würde Familien zerstören und den Untergang des Abendlandes herbeiführen. Woher kommt diese Sichtweise?

Ja, es wird mit harten Bandagen gekämpft. Genderfragen sind heute der Ort, an dem die ganze Angst endgelagert wird, die sich in der Auseinandersetzung mit Körper, Sexualität, Reproduktion, Familie und dem raschen Wandel der Welt zeigt. Alles, was in diesen Bereichen besonders «giftig» erscheint, muss nicht mehr direkt angesprochen, sondern kann unter dem Stichwort «Gender» pauschal in grosse gelbe Fässer gekippt werden.

Genderarbeit ist nicht etwas, das Frauen tun und bei dem Männer zuschauen.
Regina Ammicht Quinn

Und was tun Genderforscherinnen tatsächlich?

Sie analysieren die Machtstrukturen, die entstehen, wenn man von einem «natürlichen» Geschlecht ausgeht und daraus «natürliche» Geschlechterrollen ableitet, Frauen oder Männer auf bestimmte «natürliche» geschlechtsspezifische Tugenden verpflichtet. Und dann etwa sagt: Frauen an den Herd, Männer in den Verwaltungsrat. Oder eher: Frauen in die sozialen Berufe, Männer an Orte, wo nicht Einfühlung, sondern Autorität gefordert wird. Und darum befasst sich Genderarbeit nicht mit «Frauenproblemen». Sie ist nicht etwas, das Frauen tun und bei dem Männer zuschauen. Genderarbeit ist die gemeinsame Anstrengung von Frauen und Männern, die Wirklichkeit neu zu sehen, neu zu verstehen und entsprechend zu gestalten, sodass alle gut leben können. Mit gleichen Chancen – auch mit gleichen Chancen, Fürsorgearbeit zu leisten und die Belastung zu erfahren, aber auch das Glück, das daraus resultieren kann.

Aber das biologische Geschlecht wird nicht abgeschafft.

Niemand will das biologische Geschlecht abschaffen. Doch die Zweiteilung – hier männlich, da weiblich – greift zu kurz. Geschlecht ist nicht bloss definiert durch Gebärmutter und Brüste einerseits, Penis und Hoden anderseits. Geschlecht ist ein Kontinuum.

Was heisst das konkret?

Medizinisch ist es inzwischen völlig klar, dass die ausschliessliche Zweigeschlechtlichkeit eine kulturelle Norm ist. Ich bin in einem wissenschaftlichen Beirat einer Vereinigung intersexueller Menschen. Diese wehren sich dagegen, dass Säuglinge, die mit uneindeutigen Geschlechtsmerkmalen zur Welt kommen, sofort operiert werden. Denn sie sind ja nicht krank. Aber unsere Gesellschaft verträgt diese Unsicherheit schlecht. Sie vermittelt diesen Menschen das Gefühl, es dürfe sie gar nicht geben.

Gibt es denn gar keine natürliche Geschlechterordnung mehr? Kein Naturgesetz, wonach zwei Geschlechter aufeinander bezogen sind und durch die Zeugung der Kinder Leben weitergeben?

Natürlich gibt es nach wie vor eine Biologie des Körpers. Wir alle haben eine Mutter und einen Vater. Wir sind Töchter und Söhne. Wer wollte das leugnen? Und es gibt selbstverständlich viele Paare, in denen Männer und Frauen aufeinander bezogen sind. Aber eine gute Partnerschaft, ein gutes Leben ist nicht an eine bestimmte sexuelle Orientierung gebunden. Es gibt homosexuelle Paare, gleichgeschlechtliches Begehren …

Und exakt dieses wird doch von einigen als «widernatürlich» kritisiert.

Was heisst da Natur? In der Tierwelt gibt es bei Wirbeltieren von Eidechsen bis zu Primaten gleichgeschlechtliche Praktiken. Die Biologie erklärt dies heute damit, dass es bei sexuellen Handlungen nicht nur um den Transfer von Samen, sondern auch um das Stärken des sozialen Zusammenhalts in der Gruppe geht. Und das hilft dem evolutionären Fortschritt. Bei roten Eichhörnchen etwa kommt es häufig vor, dass zwei weibliche Tiere den Nachwuchs aufziehen und säugen. Und also für diese Zeit ein Paar bilden, auch mit gleichgeschlechtlichen sexuellen Handlungen. Was ist jetzt hier Naturgesetz? Ich wüsste es nicht. Mein Eindruck ist, dass die Kirche und die traditionelle Theologie Homosexualität wider besseres Wissen als «widernatürlich» hinstellen. Das Verhalten der Mehrheit aber kann nicht einfach als moralische Norm verstanden werden.

Die Auseinandersetzung rund um die «Homo-Ehe» sorgt innerhalb und ausserhalb der Kirche für rote Köpfe. In Paris gingen 2013 Hunderttausende auf die Strasse und verlangten den gesetzlichen Schutz der «traditionellen Familie». Warum wühlt das Thema denn so auf?

Ich habe den Eindruck, dass die Kritiker ihren eigenen Lebensentwurf abgewertet, infrage gestellt sehen. Vielleicht sind sie trotz Schmerzen und Entbehrungen in einer lebenslänglichen Ehe geblieben, einfach weil das «richtig» war. Wenn nun plötzlich neue Optionen, neue Freiheiten auftauchen, fühlen sie sich innerlich zutiefst angegriffen. Es ist eine verborgene Angst, die da aufbricht. Sie richtet sich gegen alles, was die als «natürlich» betrachtete Norm infrage stellt.

Warum gerade heute die ganze Aufregung?

Sicher hat dies auch mit unserer politisch und wirtschaftlich instabilen Welt zu tun. Da ist es psychologisch leicht erklärbar, dass verunsicherte Menschen versuchen, wenigstens jene Gewissheiten aufrechtzuerhalten, die ganz nah an ihrem Körper und am Körper ihrer Kinder sind.

Tobt da ein Kulturkampf?

Diese Frage stellt sich tatsächlich. Der Wandel rund um die Sexualität erfasst immer breitere Kreise, man kann sich ihm immer weniger entziehen. Und es überfordert eben viele, Beziehungsformen im Plural denken zu lernen. In Stuttgart hatten wir ebenfalls heftige Demonstrationen besorgter Eltern, weil ein Lehrplanentwurf vorsah, dass Fragen von Geschlecht und Gender ihren festen Ort im Unterricht haben sollen. Da brach ein Sturm los. Die Eltern hatten den Eindruck, dass den Kindern in der Schule beigebracht werden soll, wie man schwul wird. Das ist natürlich absurd, zeigt aber, wie tief die Verunsicherung geht.

Es gibt einen einzigen Grund, Kinder zu haben: die Freude am eigenen Leben mit einer weiteren Generation teilen zu wollen.

Regina Ammicht Quinn

Traditionalisten argumentieren gegen die Homosexualität mit einer von Gott gegebenen «Natürlichkeit». Aber auch Liberalisten berufen sich auf die «Natur», indem sie sagen: «Alles ist ganz natürlich». Führt das nicht in eine Sackgasse?

Tatsächlich ist dies ein verhängnisvoller Strang in der Diskussion um die Homosexualität. Mit der Biologie alleine kann man nicht argumentieren. Die Art und Weise, wie unsere Geschlechtsorgane aussehen und wie wir sie benutzen, gibt uns keine Antwort, was ein gutes Leben ist. Da müssen wir schon moralisch argumentieren.

Besonders umstritten ist, ob homosexuelle Paare Kinder aufziehen dürfen. Dürfen sie das, moralisch betrachtet?

Gute Elternschaft hat nicht viel zu tun mit Erektionsfähigkeit und funktionierenden Gebärmüttern. Im Übrigen auch nicht mit der Sehnsucht, dass ein Kind mir zum Glück verhelfen, mein ungelebtes Leben ausfüllen soll. Es gibt einen einzigen Grund, Kinder zu haben: die Freude am eigenen Leben mit einer weiteren Generation teilen zu wollen. Das ist das Ausschlaggebende. Und dies ist völlig unabhängig davon, ob zwei Männer oder zwei Frauen oder ein Mann und eine Frau – oder welche partnerschaftliche Konstellation auch immer – eine Elternschaft bilden. Moralisch gesehen geht es nicht um die Körperformen der Eltern, sondern um deren Motivation und Liebesfähigkeit.

Ich kritisiere keine einzelne Lebensform,
ich kritisiere aber jede Form der Würdelosigkeit.
Regina Ammicht Quinn

Bleiben wir bei der Moral, reden wir von der Sexualmoral. Sie haben einmal formuliert, «Sexualität» und «Moral» führten zusammen eine Ehe, die aber in einer grossen Krise stecke. Woran krankt denn das «Ehepaar» Sexual-Moral?

Die beiden haben sich völlig auseinandergelebt. Deswegen müssen sie dringend über Scheidung sprechen. «Sexual» und «Moral» müssen sich eingestehen, dass sie gar nie richtig zusammen gepasst haben. Sie müssen voneinander getrennt werden – damit wir den Eigenwert der Sexualität erkennen können.

Ist Sexualität also frei von Moral?

Nein. Unmoralisch soll Sexualität nicht werden. Sexualität ist kein «Schluckauf», Sexualität ist kein Ausfluss des vegetativen Nervensystems, sondern eine Handlung. Und jede Handlung steht unter moralischen Massgaben. Aber Sexualität braucht keine Sondernormen, keine Etikettierungen einzelner sexueller Handlungen, so im Sinne: Diese sexuelle Praktik ist ein bisschen erlaubt, jene ganz verboten, jene andere gar Pflicht.

Welche moralischen Massgaben sollen denn für sexuelle Handlungen gelten?

Die Grundnormen, die aus moraltheologischer Sicht für das ganze Leben gelten: nämlich die Achtung der Würde anderer Menschen und immer auch die Achtung der eigenen Würde. Zweitens die Ablehnung von Gewalt – auch von Gewalt gegenüber sich selbst. Ich glaube, mit diesen beiden Normen kommt man sehr weit.

Heisst das, keine sexuelle Handlung ist per se Sünde?

Es gibt nichts, was man fantasievoll mit einem geliebten Menschen in Liebe tun kann, das man als widernatürlich bezeichnen und verurteilen müsste. Ich würde sagen, es sündigt, wer nicht liebt. Augustinus brachte es auf den Punkt: «Liebe, dann tu, was du willst.» Das klingt einfach. Im Konkreten fordert ein solches Liebenkönnen und Liebenwollen uns viel ab.

«Tu, was du willst», heisst es verkürzt seit der sexuellen Revolution der 1960er-Jahre: Anything goes, alles ist erlaubt. Kann diese neue Freiheit nicht auch überfordern, besonders junge Menschen?

Sicher. Denn die alten Werte verschwinden zwar. Aber neue Zwänge rücken an deren Stelle. Keuschheit wird durch einen Zwang zur Potenz ersetzt, Abstinenz mit permanenter Verfügbarkeit ausgetauscht. Vor allem Mädchen müssen sexuell dauernd verfügbar sein. Das gehört zum Bild einer modernen erotischen Frau. Vielleicht gar nicht so sehr im konkreten Leben, aber in der Popkultur, die ja Vorbilder für junge Menschen zur Verfügung stellt. Die Jungen andererseits sollen endlos potent sein, sonst sind sie «keine richtigen Männer». Und die alles entscheidenden Normen für junge Menschen heute sind Status und Beliebtheit. Dazu gehört ein perfekter Körper. Und guter Sex steht in Gefahr, sich dann auf eine Frage der guten Technik des guten Körpers zu reduzieren.

Beliebtheit, Verfügbarkeit, Potenz. Da ist man schnell bei «One-Night-Stand», Seitensprung, Promiskuität. Setzen Sie hier moralische Grenzen?

Ich kritisiere keine einzelne Lebensform, ich kritisiere aber jede Form der Würdelosigkeit. Wahrscheinlich ist bei einem «One-Night-Stand» die gegenseitige Würde gefährdeter als in einer festen Beziehung. Und vielleicht ist bei einem Seitensprung die Gefahr relativ gross, dass man den andern oder sich selbst entwürdigt, wenn man zum Beispiel lügt. Aber es muss nicht sein. Und andererseits schützt ja eine kirchlich gültig geschlossene Ehe nicht vor Entwürdigung und Gewalt.

Die Kirche muss von der Biologie zum Glauben kommen.

Regina Ammicht Quinn

Und die Treue, hat sie heute noch einen Wert?

Trotz allem Wandel: Sehnsucht nach Treue hat Bestand. Gerade Jugendliche haben den tiefen Wunsch nach verbindlichen, verlässlichen Beziehungen. Und sie stellen an die Treue gar höhere Ansprüche als ihre Eltern. Sie sind nicht nur gegen Seitensprünge. Sie erwarten auch, dass die Beziehung auf immer emotional gefüllt bleibt. Das ist viel verlangt. Daran kann eine Partnerschaft zerbrechen. Das führt dann bei jungen Menschen zur «seriellen Monogamie»: Solange ihre Bedürfnisse in der Beziehung befriedigt werden, bleiben sie zusammen. Treten Schwierigkeiten auf, trennen sie sich und gehen die nächste Beziehung ein. Wir müssen uns eingestehen, dass Endgültigkeit, Ewigkeit für uns fehlerhafte, sterbliche Menschen nicht einfach machbar und herstellbar sind. Letztlich steht dies nur Gott zu.

Kann christlicher Glaube helfen, eine reife sexuelle Beziehung zu führen?

Ein Glaube ist kein Instrument zur Klassifizierung einzelner sexueller Handlungen. Aber Sexualität kann durch eine glaubensgeprägte Lebensform kultiviert werden. Gläubige und Nicht-Gläubige sollten lernen und erleben können, dass Sexualität nicht einfach «haben» heisst, sondern Anteil haben – Anteil nehmen am Leben anderer.

Sexualität und Leben: Für die römisch-katholische Kirche heisst das im Kern nach wie vor Fruchtbarkeit, Fortpflanzung, Nachwuchs. Auch wenn dies, wie Sie sagen, nur ein Teilaspekt gelebter Sexualität ist. Wie müsste heute theologisch über Fruchtbarkeit gesprochen werden?

Zunächst sollte ganz banal zur Kenntnis genommen werden, dass es viele Frauen und Männer gibt, die biologisch unfruchtbar sind. Soll man Paare vorher testen und dann entscheiden, wer Geschlechtsverkehr haben darf und wer nicht? Das ist natürlich völlig absurd. Und vor allem dies: Fruchtbarkeit ist nicht nur ein biologischer, sondern auch ein symbolischer Begriff. In einer lustvollen Liebesbeziehung entsteht ganz viel Energie. Gibt man etwas davon an die Welt zurück, ist man fruchtbar. Ich kenne viele Paare, die kinderlos sind, auch gleichgeschlechtliche Paare, die in bewundernswertem Mass fruchtbar sind.

Welchen Schritt müsste die römisch-katholische Kirche tun, damit sie eine zeitgemässe und christliche Haltung zur Sexualität entwickeln kann?

Sie muss von der Biologie zum Glauben kommen: zum Glauben an eine gute Schöpfung. Das ist das Grundlegende. Sie muss einen positiven Zugang finden zu menschlichen Bedürfnissen, zum menschlichen Körper, zum menschlichen Begehren. Das würde auch heissen, Abschied zu nehmen von Reinheitsvorstellungen, die eng mit religiösen Identitäten verknüpft sind.

Und worauf kann sich die Kirche dabei stützen?

Auf Jesus. Die Kirche müsste lernen, das Schweigen Jesu in Sachen Reinheitsgebote wahrzunehmen. Jesus äussert sich gemäss Evangelien weder zu Regelungen des Sexuallebens noch zur Aufnahme reiner beziehungsweise unreiner Nahrungsmittel. Beides sind Bereiche, in denen man sicherstellen will, dass der Mensch rein ist und rein bleibt. Der Gott, den Jesus Vater nennt, hat kein Interesse daran, die äusserliche Reinheit der Menschen zu überwachen. Es gibt kein «Herrenwort» über Homosexualität, vorehelichen Geschlechtsverkehr oder Masturbation.

Zum Schluss: Welche Wünsche haben Sie an Papst und Bischöfe in Rom?

Information über ein paar grundlegende Erkenntnisse der Genderforschung, kluge Zurückhaltung angesichts des Schweigens Jesu zu Sexualnormen und das Vertrauen in eine gute Schöpfung.

Regina Ammicht Quinn, Jahrgang 1957, studierte in Tübingen katholische Theologie und Germanistik, promovierte zur Ethik der Theodizeefrage und habilitierte zu Körper, Religion und Sexualität. Bei Erstplatzierungen im Zuge von Berufungsverfahren wurde ihr zweimal das römische «Nihil obstat» für einen Lehrstuhl in Moraltheologie verweigert. Heute ist sie Professorin am Internationalen Zentrum für Ethik in den Wissenschaften und Direktorin des Zentrums für Gender und Diversitätsforschung an der Universität Tübingen. Sie ist verheiratet und Mutter zweier erwachsener Kinder. Im März 2015 erhielt sie den Herbert-Haag-Preis der Stiftung für Freiheit in der Kirche.

WENN DIE KATHOLISCHE KIRCHE NUR VERBOTE AUSSPRICHT, WIRD UNS NIEMAND MEHR ERNST NEHMEN – PASTORALE BILDUNG

Ein Gespräch von Heidi Kronenberg mit
Madeleine Winterhalter

Madeleine Winterhalter leitet die Fachstelle «Partnerschaft, Ehe und Familie» im Bistum St. Gallen. Sie bietet Ehevorbereitungskurse an, Paar-Coachings – aber auch Gesprächsseminare für Geschiedene. Dabei orientiert sie sich nicht primär an der Sexualmoral der römisch-katholischen Kirche, sondern an realen Lebensgeschichten – Scheitern inklusive. Dem Vatikan empfiehlt sie, künftig mehr in die Wohnzimmer der Familien zu blicken, statt in die Schlafzimmer zu spähen.

Madeleine Winterhalter, Ehe und Familie haben sich in den letzten Jahrzehnten massiv gewandelt. Was ist heute grundsätzlich anders als vor fünfzig Jahren?
Madeleine Winterhalter: Die Wahlfreiheit bezüglich Lebensform. Früher war Heiraten Standardprogramm, samt kirchlicher Trauung. Heute entscheidet man, ob man heiraten will oder nicht, ob kirchlich oder nur zivil, ob man Kinder haben will oder nicht.

Früher war es schon sehr exotisch, wenn ein Paar keine Kinder hatte, weil es keine wollte. Und grundsätzlich anders ist die Lebenserwartung. Wenn heute ein Paar nicht durch Scheidung getrennt wird, dauert eine Ehe gut und gerne vierzig Jahre oder länger. Jungen Paaren sage ich jeweils: «Das ist eines der letzten Abenteuer, das ihr eingehen könnt. Es ist möglich, dass ihr nun vier Jahrzehnte zusammenbleibt.»

> *Wenn es ein Bedürfnis wäre, über die kirchliche Sexualmoral zu reden, würden wir das in den Kursen natürlich tun. Aber es ist keines.*
> Madeleine Winterhalter

Für einen guten Start in dieses Abenteuer bieten Sie Ehevorbereitungskurse an – für Paare, die kirchlich heiraten wollen. Wer kommt denn heute noch zu solchen Kursen?

Da kommt jeweils eine bunt gemischte Gruppe von acht bis zehn Paaren zusammen: Heiratswillige mit und ohne Schweizer Pass – Akademikerinnen, Handwerker, Verkäuferinnen. Geleitet werden diese Impulstage für Brautpaare in St. Gallen von unserer Fachstelle, in den anderen Dekanaten des Bistums von regionalen Seelsorgerinnen und Seelsorgern sowie Eheberaterinnen und Eheberatern.

Warum wollen diese Paare kirchlich heiraten? Das will heute ja nur noch eine Minderheit.

Obschon die allerwenigsten Kirchgänger sind, möchten sie den Segen Gottes. Sie wünschen sich, dass da noch jemand mitträgt. Nicht in einem magisch-naiven Sinne: Wenn man in der Kirche heiratet, kommt der liebe Gott und macht ein «Superding». Wir spannen in den Kursen jeweils den Bogen vom Theologischen zum Psychologischen. Die Ehepartner müssen einander nicht alles sein. Es braucht ein ganzes Netz von Menschen und Beziehungen, damit eine Partnerschaft gelingen kann. Beim öffentlichen Trauakt in der Kirche wird dieses Netz sichtbar. Die Festgemeinde übernimmt in gewissem Sinne eine Schutzfunktion für die Ehe. Sie bezeugt, dass sie diese mittragen will.

Auf die Ehevorbereitung legte die katholische Kirche immer schon viel Wert – mit Blick auf die religiöse Erziehung der Kinder. Was ist heute anders?

Früher informierte der Pfarrer die Paare im Gespräch einfach über eheliche Pflichten und kirchenrechtliche Vorschriften. Heute bieten wir den angehenden Eheleuten Impulstage an, in denen sie über ihre Beziehung nachdenken und diskutieren können – in Einzel- und Paararbeit: Warum heirate ich diesen Mann, diese Frau? Was ist mir wichtig in der Ehe? Was stärkt eine Partnerschaft? Wie reden wir miteinander? Dazu gibt's kurze Inputs von unserer Seite zur Psychologie oder zu Kommunikationsregeln. Und auch spirituelle Impulse.

Kommen auch Fragen wie Sex vor der Ehe und Empfängnisverhütung zur Sprache?

Nein, vergessen Sie's! Ein grosser Teil der Paare, die unsere Kurse besuchen, haben dieselbe Adresse. Die leben heute doch alle zusammen. Und ich frage sie nicht, was sie im Schlafzimmer tun – ob sie die Pille nehmen. Das geht mich nichts an.

Aber die römisch-katholische Kirche besteht doch nach wie vor auf ihrer restriktiven Sexualmoral. Wie gehen Sie als Leiterin einer bischöflichen Fachstelle damit um?

Wir reden offen über Zärtlichkeit und Sexualität. Aber unsere Fachstelle ist nicht verpflichtet, die kirchliche Sexualmoral zu verteidigen. Heutige Katholikinnen und Katholiken reagieren grossmehrheitlich allergisch auf kirchliche Vorschriften zur Sexualität. Künstliche Empfängnisverhütung ja oder nein: Das ist ein Gewissensentscheid. Das muss ein Paar mit sich selbst ausmachen. Wenn es ein Bedürfnis wäre, über die kirchliche Sexualmoral zu reden, würden wir das in den Kursen natürlich tun. Aber es ist keines.

Sind in Ihren Kursen auch Geschiedene anzutreffen, die ein zweites Mal heiraten wollen?

Bei meinem Kollegen war neulich ein Paar im Kurs, das sich auf eine Segnung für ihre Beziehung vorbereiten wollte. Der Mann war geschieden.

Dann können Geschiedene also an Ihren Kursen teilnehmen. Aber kirchlich heiraten können sie kein zweites Mal. Kein Widerspruch?

Ein schwieriges Kapitel. Die Kirche müsste einen Schritt tun. In der orthodoxen Kirche ist eine Zweitheirat ja auch möglich. Nicht nur Ehepartner, auch eine Beziehung kann sterben. Wie deuten wir diesen Tod einer Liebe? Vom Sakrament der Ehe reden meint doch auch, Ehe auf Tod und Auferstehung Jesu zu beziehen. Also muss es auch nach dem Tod einer Beziehung Auferstehung, einen Neuanfang geben können. Geschiedene sollten spüren, dass sich die Kirche hinter einen Neuanfang stellt – dass man mit seiner ganzen realen Lebensgeschichte willkommen ist. Es wäre durch und durch jesuanisch, eine kirchliche Kultur zu entwickeln, die Scheitern mit einschliesst.

Würden Sie es also begrüssen, dass Geschiedene ein zweites Mal in der katholischen Kirche heiraten könnten?

Zwei- oder gar mehrmals in Weiss vor den Altar treten? Ich bin gegen eine Banalisierung der kirchlichen Trauung. Kirche muss nicht partout modern sein. Und ich möchte Tradition nicht den Traditionalisten überlassen. Aber eine Segnung, und zwar eine offizielle, müsste möglich sein – sorgfältig geplant, unter Einbezug der Kinder aus erster Ehe. Und möglichst nach Verarbeitung der gescheiterten Beziehung, was einer neuen Partnerschaft nur dienlich sein kann.

Und was ist mit gleichgeschlechtlichen Paaren, die sich für ein Zusammenleben entschieden haben: Können die an Ihre Impulstage kommen?

Nun, kirchlich heiraten können sie ja nicht. Und – ach, es ist naiv zu denken, die könnten da einfach so mitmachen. Ich denke, sie müssten uns persönlich kennen, um sich überhaupt zu melden. Und sie müssten auch in der Gruppe akzeptiert sein. Gleichgeschlechtliche Paare haben in der Regel sehr viele Verletzungen erlebt. Ich kann mir, ehrlich gesagt, nur ein spezifisches Angebot für diese Zielgruppe vorstellen. Und zutrauen würde ich mir ein solches nur in Koleitung mit gleichgeschlechtlich orientierten Kursleitern – ich, als Heterosexuelle, die seit dreissig Jahren verheiratet ist.

Wird es in naher Zukunft ein Kursangebot für lesbische und schwule Paare im Bistum St. Gallen geben?

Konkret geplant ist nichts. Und sowieso könnte ich ein solches Angebot nur nach Absprache mit dem Bischof entwickeln. Aber ich glaube, die katholische Kirche ist noch nicht so weit.

Traditionell hatte die Kirche immer nur die kurze Familienphase im Visier – die Zeit, während der die Kinder aufwachsen.

Madeleine Winterhalter

Ihre Fachstelle «Partnerschaft, Ehe und Familie» bietet auch Kurse für Verheiratete an: Paar-Coachings, Kurse zur Verbesserung der Gesprächskultur in Partnerschaften. Das tönt nicht speziell kirchlich …

… gehört aber unbedingt zu einer professionellen Familienseelsorge. Die Kirche darf Paare nach der Trauung nicht alleinlassen – wenn sie schon erwartet, dass die Ehe halten soll. Traditionell hatte die Kirche immer nur die kurze Familienphase im Visier – die Zeit, während der die Kinder aufwachsen. Die Beziehung des Paares interessierte eigentlich nur mit Blick auf den Nachwuchs. Aber es gibt doch auch die Beziehung der zwei erwachsenen Ehepartner vor, neben und nach der Kinderphase. Und es gibt kinderlose Paare. Und mehr und mehr alte Paare, die längst ohne ihre Kinder leben.

Was lernen Paare in Ihrem Gesprächskultur-Kurs mit dem Titel «Zwei hoch zwei»?

Einander zuzuhören, Bedürfnisse klar zu äussern, konstruktiv zu kritisieren. Ziel ist, Krisen, die es in jeder Beziehung gibt, bewältigen zu lernen – und nicht gleich das Handtuch zu werfen. «Du sollst dir kein Bildnis machen»: Das heisst doch auch, der Ehefrau, dem Ehemann in einer Konfliktsituation eine zweite Chance geben.

Und trotzdem: Ehen scheitern. Sie veranstalten auch Gesprächsseminare zur Verarbeitung von Trennung und Scheidung. Warum dürfen Sie das als Vertreterin einer bischöflichen Fachstelle? Nach römisch-katholischer Lehre gibt es ja gar keine Scheidung.

Das ist kein Problem. Seelsorge steht allen zu. Erst recht Menschen, die etwas so Schwieriges durchmachen wie eine Trennung.

Hören Sie aus dem Kirchenvolk nicht den Vorwurf: «Jetzt bietet die Kirche auch noch Scheidungskurse an»?

Direkte Angriffe kommen uns nicht zu Ohren. Und unser Bischof steht hinter unserem Angebot.

Wer meldet sich zu Ihrem Scheidungsseminar «Ich gehe meinen Weg»?

Da ist jene Frau, die von ihrem Mann vier Wochen zuvor gehört hat, dass er die grosse Liebe gefunden hat und sich scheiden lassen will. Oder jener Mann, der sich zwei Jahre zuvor von seiner Frau getrennt hat und innerlich den Abschied nicht verkraftet. Die einen sind zutiefst verletzt, andere wütend, die einen versuchen, sich freizustrampeln, andere kämpfen, um den Partner zurückzugewinnen. Zum Seminar melden sich übrigens zunehmend auch ältere Frauen und Männer an. Es gibt ja das neue Phänomen, dass sich auch alte Paare scheiden lassen. Für alle im Gesprächsseminar wirkt der Kreis Gleichbetroffener unterstützend. Es geht darum, das Geschehene besser zu verstehen, zu verarbeiten. Man weiss ja aus der Forschung, dass Zweitbeziehungen oft scheitern, wenn man diesbezüglich, salopp gesagt, die Hausaufgaben nicht gemacht hat.

Scheidung war in kirchlichen Kreisen früher sehr verpönt. Heute nicht mehr?

Doch. Da kämpfen wir innerkirchlich immer noch gegen Vorurteile. Ich wehre mich gegen das Pauschalurteil, früher hätten Ehen ein Leben lang gehalten, man habe sich nicht gleich bei der ersten Krise getrennt. Viele Paare blieben doch nur zusammen, weil es ökonomisch gar nicht anders ging. Besonders Frauen hielten einfach durch, selbst wenn sie extrem unter ihren Männern litten. Und nochmal: Die Lebenserwartung ist enorm gestiegen. Und damit stehen Eheleute vor der neuen, grossen Herausforderung, ihre Beziehung über Jahrzehnte lebendig zu halten.

Ist eigentlich jede Trennung ein Scheitern? Können zwei Menschen nicht auch in aller Vernunft zum Schluss kommen: Wir haben einige Jahre gut zusammen gelebt, jetzt kommt was Neues?

Es gibt den Trend zur so genannten Bilanzscheidung. Zwei Leute, die sich trennen, ohne daraus ein grosses Problem zu machen. Das mag für zwei Erwachsene eine Lösung sein. Sind aber Kinder mitbetroffen, leiden diese extrem. Eine Bilanzscheidung können sie nicht einordnen. Ist dauernd Streit im Haus, dann sehen Kinder eines Tages ein, dass es besser ist, wenn Mama und Papa sich trennen. Sind aber keine grossen Spannungen spürbar, können Kinder den Schritt der Eltern schlicht nicht nachvollziehen.

Sie hören der Katechetin längst nicht mehr zu, sondern fragen sich besorgt: Wie überstehe ich diesen Tag mit meinem Kind? Wird mein Ex-Mann auch da sein? Wo sitzt er dann in der Kirche? Sollte ich mit ihm darüber sprechen? Aber wie und wo?

Madeleine Winterhalter

Warum scheitern so viele Ehen junger Leute?

Wegen zu hoher Erwartungen aneinander, wegen fehlender Konfliktfähigkeit und vor allem wegen des Faktors Zeit. Eine Beziehung muss man pflegen. Und an Zeit fehlt es heute enorm, besonders wenn Kinder da sind. Wenn zwei Leute mit je einer Fünfzigprozent-Stelle finanziell durchkommen, kann das ja gehen. Aber da müssen sie schon sehr gut verdienend sein. Dazu kommt der enorme gesellschaftliche Druck: Kinder müssen einfach gelingen. Doch in den Augen vieler machen Eltern immer alles falsch. Entweder verwöhnen sie ihre Kinder oder sie vernachlässigen diese.

Kann Ihre Fachstelle «Partnerschaft, Ehe und Familie» dem gesellschaftlichen Druck auf Eltern etwas entgegenhalten?

Erstens müsste die Kirche familienpolitisch viel offensiver auftreten. Und familienfreundliche Vorstösse unterstützen: von Entlastung für finanziell minderbemittelte Familien über gute Kindertagesstätten bis hin zu gezielter Hilfestellung für Alleinerziehende. Zweitens können Pfarreien dafür sorgen, dass Mütter und Väter Wertschätzung erfahren für all das, was sie tagtäglich leisten. In unseren Beratungen von Pfarreiteams betonen wir dies immer wieder. Und diese Teams können, drittens, dafür sorgen, dass ihre Pfarrei familienfreundlich ist. Dazu gehören so simple, aber leider nicht überall selbstverständliche Dinge wie ein Kindertisch, an dem die Kleinen während des Gottesdienstes malen können, ein Wickeltisch oder Parkplätze für Kinderwagen auf dem Kirchenareal.

Unterstützend sind auch Orte, an denen junge Eltern einander kennenlernen und Nachbarschaftshilfe einfädeln können. Zum Bespiel «MuKi/VaKi-Treffen» oder Kinderfeiern. Da wird in Pfarreien viel Vernetzungsarbeit geleistet, oft von Frauengemeinschaften – unspektakulär, im Hintergrund.

Und fachlich: Sind die Pfarreiteams sensibilisiert für die heutige Familienvielfalt?

Nicht immer. Ein Beispiel: Eine Katechetin verkündet an einem Elternabend zur Erstkommunion enthusiastisch: «Liebe Eltern, der Weisse Sonntag wird einer der schönsten Tage im Leben Ihres Kindes sein. Freuen Sie sich auf ein unvergessliches Familienfest!» Alles gut und recht: Nur ist der Katechetin leider nicht bewusst, dass unter den fünfzig Anwesenden zwei Väter sind, die sich gerade von ihrer Frau getrennt haben, und drei Mütter, die vor einer Scheidung stehen. Sie hören der Katechetin längst nicht mehr zu, sondern fragen sich besorgt: Wie überstehe ich diesen Tag mit meinem Kind? Wird mein Ex-Mann auch da sein? Wo sitzt er dann in der Kirche? Sollte ich mit ihm darüber sprechen? Aber wie und wo?

Wie kann Ihre Fachstelle diese Katechetin unterstützen?

Wir sensibilisieren Katechetinnen, Priester und Pastoralassistentinnen für die heutige Familienvielfalt – in massgeschneiderten Kursen für Pfarreiteams. Da entwickeln wir etwa gemeinsam einen Kurs für Alleinerziehende. Wir bieten auch eine Zusatzausbildung in «Partnerschafts-, Ehe- und Familienpastoral» an, in Zusammenarbeit mit dem Institut für kirchliche Weiterbildung der Universität Luzern. Hier setzen sich die Teilnehmenden etwa mit der eigenen Familien- und Beziehungsbiografie auseinander, erwerben Wissen über Genderfragen und diskutieren über heutige Familienformen.

Sie gehören mit Ihrer Fachstelle zur römisch-katholischen Weltkirche. Welche Wünsche haben Sie an sie?

Ich möchte Papst und Bischöfe bitten, weniger ins Schlafzimmer zu spähen und dafür mehr das Leben im Wohnzimmer wahrzunehmen, wie es Ute Eberl, Referentin für Paar- und Familienseelsorge des Bistums Berlin, treffend formuliert hat. Ich wünsche mir, dass Rom die tagtäglich geleistete, immense Familienarbeit und das Engagement in Paarbeziehungen wertschätzt – und aufhört, über die Familie wie über einen kranken Körper zu sprechen. So kommt es mir nämlich entgegen, wenn ich römische Dokumente zur Familienpastoral lese. Und ich hoffe, die Kirche rückt davon ab, in der Sexualität nur den Fortpflanzungszweck zu sehen. Eigentlich sind wir hinter das Zweite Vatikanische Konzil zurückgefallen. Dort wurde nämlich betont, dass die Ehe eine personale Liebesgemeinschaft ist.

Und wenn das fromme Wünsche bleiben?

Wenn jetzt keine Veränderungen kommen aus Rom oder man bloss die Verpackung etwas modernisiert, wird es sehr schwierig für unsere Arbeit.

Warum?

Wenn die katholische Kirche nur Verbote ausspricht, wird uns niemand mehr ernst nehmen – auch in anderen Belangen nicht. Und das ist tragisch. Nicht nur für die Kirche, auch für die Gesellschaft. Denn die ethischen Anfragen der katholischen Kirche, zum Beispiel an die Reproduktionsmedizin, dürfen in der öffentlichen Debatte nicht fehlen. Ist alles, was möglich ist, auch förderlich? Soll es keine Grenzen mehr geben in der Präimplantationsdiagnostik? Die Entscheidungen, die hier fallen, werden Partnerschaft und Familie von morgen wesentlich mitprägen. Und ich bin überzeugt, dass die Gesellschaft da die Stimme der Kirche als Korrektiv braucht.

Madeleine Winterhalter, Jahrgang 1962, hat in Freiburg i. Üe. Theologie und Pädagogik studiert. Sie war Pastoralassistentin in Bad Ragaz SG und in Gossau SG. Seit 1993 arbeitet sie auf der Fachstelle «Partnerschaft, Ehe und Familie» des Bistums St. Gallen, seit 2008 ist sie deren Leiterin.

WER MIT MIR EINEN WEG GEHT, NIMMT GANZ SCHÖN VIEL ARBEIT AUF SICH – FREIE RITEN

Ein Gespräch von Heidi Kronenberg mit Christoph Schmitt

Früher arbeitete der katholische Theologe Christoph Schmitt als Pastoralassistent – heute als Supervisor und Ritualbegleiter. Als «freier Theologe» bietet er Trauungszeremonien, Willkommensfeiern für Neugeborene und Trennungsrituale an – für Gläubige, Kirchenferne und Atheisten. Er begrüsst die Entwicklung, dass heute alle selber entscheiden können, ob und wie sie religiös sein wollen.

Christoph Schmitt, Sie waren früher im kirchlichen Dienst tätig. Heute arbeiten Sie als «freier Theologe». Was reizt Sie daran?

Christoph Schmitt: Mir liegt der Kontakt auf Augenhöhe. Bei Taufen, Hochzeiten oder Bestattungen erarbeite ich die Zeremonie mit meinen Klientinnen und Klienten zusammen. Nach wie vor befürchten Brautpaare oder Trauernde, von Seelsorgern angewiesen zu werden, was zu tun sei – wie sie mir beim Erstgespräch manchmal erzählen.

Wer wendet sich an Sie?

Menschen, die sich ganz viele Gedanken machen über ihre Beziehung: Was heisst es, in einer Partnerschaft zu leben? Ein Kind in die Welt zu setzen? Einen geliebten Menschen zu verlieren?

Welche Konfession, welche Religion haben Ihre Klientinnen?

So genau weiss ich das nicht. Die meisten sind Innerschweizer, das sind wohl Katholiken. Ab und zu kommen Deutsche. Die könnten evangelisch sein. Einmal traute ich ein Paar aus Ex-Jugoslawien. Waren es Orthodoxe? Oder Muslime? Ich kann es Ihnen nicht sagen. Für mich spielt das keine Rolle. Ich bin Dienstleister für alle, die zu mir kommen.

Sind auch Atheisten oder Agnostiker darunter?

Es kommt vor, dass jemand das Bedürfnis hat, gleich zu Beginn des Gesprächs zu betonen: «Ich glaube nicht an Gott.» Sehr oft aber entschuldigen sich die Leute fast dafür, mit Religion und Kirche nichts anfangen zu können. Die kann ich dann beruhigen, indem ich sage: «Deshalb kommen Sie ja zu mir. Wir werden gemeinsam etwas entwickeln, das für Sie stimmt.»

Will nie jemand eine religiöse Feier von Ihnen? Immerhin sind Sie Theologe.

Das kommt ausnahmsweise mal vor. Da will zum Beispiel ein Paar seine persönliche Gottesbeziehung thematisieren und die Dimension des Göttlichen im Ritual integriert haben. Darauf lasse ich mich gerne ein. Aber das erarbeiten wir zusammen. Ich bin nicht der, der weiss, was richtig und was falsch ist. Ein Hochzeitspaar sagte es einmal so: «Wir haben schon einen Glauben, aber das hat für uns nichts mit Heiraten zu tun. Wir möchten einfach nichts Kirchliches.»

Macht man es sich leicht, wenn man sich nicht mit Religion auseinandersetzt? Wer zu mir kommt, setzt sich sehr wohl auseinander – mit sich, seiner Geschichte, seinen Beziehungen.
Christoph Schmitt

Wie erklären Sie Ihren Klientinnen und Klienten, warum Rituale wichtig sind?

Wir sprechen darüber, dass grosse Momente im Leben einen aus der Bahn werfen. Glückliche und traurige. Und das wollen wir nicht für uns allein behalten, sondern mit andern teilen. Ich erkläre, dass ein gut gestaltetes Ritual bewirkt, dass es ein Vorher und ein Nachher gibt. Deswegen habe ich eine grosse Verantwortung als Ritualbegleiter in der Strukturierung, in der Architektur der Feier.

Beim kirchlichen Ehesakrament schliesst man den Bund fürs Leben vor Gott. Haben auch Ihre Rituale eine sakramentale Tiefe?

Absolut. Ich halte mich bis heute an den klassischen Sakramentsbegriff – an das augustinische Prinzip: Es braucht immer eine Handlung, die durch Worte begleitet wird, damit ein Ritual stimmig wird. Das ist das Performative des Rituals, das auch in meinen Zeremonien wirksam ist.

Wie muss man sich ein Trauungsritual bei Christoph Schmitt konkret vorstellen?

Manchmal findet dieses in einem Schloss statt. Oder im Freien. Auch mal in einer Kapelle, wenn gewünscht – und es die betreffende Kirchgemeinde zulässt. Eingebettet in den ersten Teil der Zeremonie halte ich eine Rede, in der es um Dankbarkeit geht. Dankbarkeit dafür, dass die zwei Leute sich gefunden haben. Im zweiten Teil dann der Blick in die Zukunft: Wohin geht es jetzt weiter, als Paar? Und mit welchem Proviant?

Gehört auch ein Gelöbnis zur Zeremonie?

Ein Bekenntnis! Das fehlt bei mir nie: Ich lade die beiden ein, sich im Vorfeld auszudenken, was sie dem Partner/der Partnerin bei der Trauungszeremonie sagen und versprechen möchten. Ich empfehle ihnen, das Bekenntnis für sich zu behalten bis zum Hochzeitstag. Weil es dadurch einen starken Entscheidungscharakter erhält. Bei der Zeremonie frage ich dann: Nimmst du deine Frau/deinen Mann zu diesen Bedingungen? Reicht dir das, was dir dein Mann/deine Frau verspricht? Dann sage Ja!

In der katholischen Trauungszeremonie werden die Ringe gesegnet. Fällt dies bei Ihnen weg?

Ich übersetze es in eine säkulare Form. Die Ringe werden symbolisch aufgeladen. Die Trauzeugen, die Eltern wärmen die Ringe in ihren Händen und übergeben sie dem Hochzeitspaar. Nach dem Ringtausch meine Deklaration: «Hiermit verkünde ich, in eurem Auftrag, dass ihr euch zu Mann und Frau gemacht habt.» Diese Erklärung ist mir sehr wichtig. Sie unterstreicht die Verbindlichkeit des Trauaktes.

Machen Sie es Ihren Klienten nicht etwas zu leicht? Diese müssen sich doch gar nicht gross mit ihrer Religiosität auseinandersetzen. So oder so bekommen sie von Ihnen jedes Ritual, das sie sich wünschen.

Warum muss man sich denn unbedingt mit Religion auseinandersetzen? Und macht man es sich leicht, wenn man sich nicht damit auseinandersetzt? Wer zu mir kommt, setzt sich sehr wohl auseinander – mit sich, seiner Geschichte, seinen Beziehungen. Wer mit mir einen Weg geht, nimmt ganz schön viel Arbeit auf

sich – und lässt sich auf einen Entwicklungsprozess ein: mit den Vorbereitungstreffen, mit dem Findungsprozess, wie die Feier sein soll, mit dem Mitgestalten derselben, mit dem Verfassen eigener Texte für die Zeremonie. Leicht macht es sich bei mir ganz sicher niemand.

Sind unter Ihren Klienten auch Geschiedene, die zum zweiten Mal heiraten wollen – was in der katholischen Kirche ja nicht geht?

Ja, es kommt vor, dass Geschiedene ein Hochzeitsritual wünschen. Aber in den Vorbereitungsgesprächen thematisiere ich kirchenrechtliche Aspekte nicht. Ich höre etwa beiläufig: «Meine Kinder aus erster Ehe werden mit dabei sein.» Oder: «Das haben wir bei der letzten Heirat anders gemacht». Damit hat es sich.

Oft geht ja nicht die ganze Beziehung zu Ende,
nur eine bestimmte Beziehungsform.
Christoph Schmitt

Kommen auch gleichgeschlechtliche Paare zu Ihnen für ein Trauungsritual?

Lesben hatte ich noch nie als Klientinnen. Schwule kommen gelegentlich, aber nicht sehr oft. Ich denke, Homosexuellen geht es im Moment vor allem um die rechtliche Gleichstellung. Öffentliche Hochzeitsrituale haben für sie nicht Priorität.

Sie bieten auch Trennungsrituale an. Warum?

Beziehungen können scheitern. Bewusst Abschied nehmen ist wichtig: loslassen, aufräumen und dann weitergehen. Die Idee zu einem Trennungsritual entsteht oft in einer Beratung. Da kann ein Paar lernen, eine Trennung nicht bloss als etwas Defizitäres zu sehen. Oft geht ja nicht die ganze Beziehung zu Ende, nur eine bestimmte Beziehungsform. Wichtig ist dabei, dass die zwei Menschen, die sich auseinandergelebt haben, einander noch sagen können, was ihnen leid tut, wofür sie sich schuldig fühlen, wofür sie um Verzeihung bitten. Das Trennungsritual kann dann ein Abendessen zu zweit oder auch ein Abschiedsmahl mit Freunden oder mit Familienangehörigen sein.

Als das Konzil von Trient 1563 die Unauflöslichkeit der Ehe zum Dogma erhob, hatten die Ehepartner vielleicht zehn, zwanzig Jahre des Zusammenlebens vor sich – nicht dreissig, vierzig wie heute.
Christoph Schmitt

Klagen Paare bei Ihnen darüber, dass die römisch-katholische Kirche eine Ehe als nicht auflösbar ansieht?

Nein. Aber persönlich finde ich dieses Dogma völlig überholt. «Bis dass der Tod euch scheidet»: Also bitte! Als das Konzil von Trient 1563 die Unauflöslichkeit der Ehe zum Dogma erhob, hatten die Ehepartner vielleicht zehn, zwanzig Jahre des Zusammenlebens vor sich – nicht dreissig, vierzig wie heute. Und damals machte diese Regel sogar Sinn: Es war ein Schutz für die Frau, damit sie nicht mir nichts, dir nichts vom Karren geschubst werden konnte. Doch wer heute heiratet, nimmt in Kauf, dass eine Beziehung auch mal zu Ende gehen kann.

Sollte die katholische Kirche auch Trennungsrituale anbieten?

Das gibt es ja vereinzelt schon. Doch damit wird der zweite Schritt vor dem ersten getan. Die Kirche müsste sich zuerst überhaupt der Tatsache stellen, dass Ehen scheitern und enden können. Und sich erst dann überlegen, was diese Paare brauchen. Aber in der katholischen Kirche läuft das eben anders: Viele Pfarrer machen einfach im Versteckten, was sie für richtig halten, und bieten insgeheim Trennungsrituale an, spenden Wiederverheirateten die Kommunion oder segnen gleichgeschlechtliche Paare. Trotzdem darf keiner ganz offen zu dem stehen, was er tut. Mit diesem Verheimlichen, diesem «Hintenrumtun» habe ich abgeschlossen.

Haben Sie deshalb die Seite gewechselt – vom Pastoralassistenten zum freien Theologen?

Ja, auch. Aber noch mehr, weil ich erlebt habe, dass es in der katholischen Kirche wichtiger ist, was du bist, als, was du kannst. Da zogen rechts und links Leute an mir vorbei, nur weil sie Priester waren, nicht etwa, weil sie fähiger waren, eine Pfarrei zu leiten. Davon hatte ich eines Tages einfach genug. Zudem wollte ich mich von der Stigmatisierung als Homosexueller befreien: Bist du homosexuell, bist du in der katholischen Kirche prinzipiell defizitär. Das ist schwer auszuhalten. Im Schuldienst wurde ich wegen meiner Homosexualität nie diskriminiert – weder von Schülern noch von Lehrern, weder an der Kantonsschule noch an der Universität. Nur in der Kirche! Deshalb bin ich auch aus der Kirche ausgetreten.

Wie beschreiben Sie eigentlich Ihre persönliche Spiritualität?

Ich habe während des Studiums die griechischen Originaltexte des Neuen Testaments mit Leidenschaft studiert. Das Radikale, das Menschenbejahende von Jesus hat mich immer fasziniert. Seine Fähigkeit, mit Menschen Kontakt aufzunehmen und zu spüren, was sie brauchen, beeindruckt mich. Diesen Geist des Evangeliums will ich mir bewahren. Und ich hoffe sehr, dass dieser auch in meinen Zeremonien spürbar wird, auch wenn ich nicht explizit davon spreche.

Ihre Zeremonien kosten etwas. Sie sind ja selbstständig erwerbend. Können sich das alle leisten?

Wegen der Kosten ist noch nie jemand abgesprungen. Bei Hochzeiten, wo es um Ausgaben in der Höhe von 50 000 Franken gehen kann, muss ich mir wegen meines Honorars wirklich keine Gedanken machen. Anders bei Willkommensfeiern für Kinder. Da komme ich den Familien auch mal entgegen. Letzthin wollten ein Maler und eine Verkäuferin eine Zeremonie für ihr Neugeborenes. Übrigens in einem Schützenhaus, das sie kostenlos benutzen durften. Ich sah, wie wichtig es ihnen war, dass sie es sich aber nicht leisten konnten. In solchen Situationen arbeite ich zu einem reduzierten Tarif. Und zwar gerne.

Was passiert rituell bei einer Willkommensfeier?

Wir legen zum Beispiel ein grosses, engmaschiges Netz auf den Boden, darauf die Babydecke. Die Eltern betten ihr Kind in dieses Netz, die Festgemeinde versammelt sich rund herum und hebt das Netz vorsichtig an. Das Kind wird sanft geschaukelt. Alle spüren die Verantwortung für das Neugeborene, die sie gemeinsam tragen wollen. Ein erhebender Moment.

Ist das so etwas wie eine «Taufe light»?

Nein, eine Taufe ist das nicht. Es geht darum, Ja zu sagen zum Kind, bewusst die Verantwortung für die Tochter, für den Sohn zu übernehmen – und das Kind in die Gemeinschaft aufzunehmen. Stellt sich im Vorgespräch heraus, dass jemand eine klassische kirchliche Taufe wünscht, empfehle ich, einen Pfarrer zu kontaktieren.

Eine Taufe in der Kirche, eine Hochzeit in der Kirche ist nicht nur ein Bekennen vor der Familie, vor Freunden – sondern auch vor einer

Gemeinde. Bleibt da bei Ihren Zeremonien nicht etwas Wichtiges auf der Strecke?

Aus der Sicht der Kirche schon. Aus der Sicht meiner Klienten fehlt da aber nichts. Meinen Hochzeitspaaren ist es wichtig, ihr Jawort vor «ihrer» Gemeinschaft abzulegen.

Es gab noch nie eine Situation,
bei der ich Stopp sagen musste.
Christoph Schmitt

Willkommensfeiern, Trauungen in nicht-kirchlichen Räumen: Für einige in der Festgemeinde sind das sicher ungewohnte Zeremonien. Gibt es auch Kopfschütteln unter den Gästen?

Es gibt Eltern von Brautpaaren, die sich im Vorfeld besorgt fragen, was da wohl auf sie zukommt. Aber die Rückmeldungen nach den Anlässen sind durchwegs positiv. Einmal bemerkte eine Mutter: «Für meine Tochter und ihren Mann war das sicher stimmig, aber ich hätte das nie so gemacht». Umgekehrt kommt es vor, dass den Brautleuten Fürbitten von geladenen Gästen etwas zu fromm daherkommen. «Das ist halt meine Gotte, für die ist das wichtig. Wir freuen uns aber trotzdem, auch wenn wir selbst nicht an Gott glauben», bemerken sie dann hinterher versöhnlich.

Erfüllen Sie eigentlich alle Wünsche Ihrer Klienten?

Es gab noch nie eine Situation, bei der ich Stopp sagen musste. Verstehe ich einen Wunsch auf Anhieb nicht, frage ich bei den Klienten nach, was sie damit verbinden. Bei einem Willkommensritual für ein Kind wollte eine Mutter Salbei in einer Schale verbrennen. Ein heidnisches Ritual. Aber auch katholische Familien verbrannten früher getrocknete Salbeiblätter beim Bezug einer neuen Wohnung. Also, warum nicht?

Kann die römisch-katholische Kirche etwas lernen von freien Ritualbegleitern?

Sie könnte ja mal zur Konkurrenz gehen und schauen, wie deren Pizzas schmecken. Ich fürchte aber, sie teilt das Schicksal jeder Religion: Sie muss sich abgrenzen, um ihre Mitglieder zu binden. Gut – schlecht, schwarz – weiss, für uns – gegen uns. Abgrenzung gehört zum Monotheismus, sagt der Religionswissenschaftler Jan Assmann. Wenn die katholische Kirche das mal aufbrechen könnte … Aber ich sehe keine grosse Bewegung in diese Richtung.

Keine optimistische Prognose für die Kirche. Und in welche Richtung entwickelt sich die Religiosität gesamtgesellschaftlich?

Weiter in Richtung Individualisierung. Früher war es eine Katastrophe für den Einzelnen, wenn er nicht mehr beheimatet war im Schoss der Kirche. Sein Heil, seine gesellschaftliche Stellung war verspielt. Das ist vorbei. Ob du heute so oder so religiös orientiert bist oder gar nicht religiös bist, hat für dich gesellschaftlich keine Konsequenzen mehr. Zumindest in Westeuropa nicht. Hier kann jeder selbst entscheiden, wo und wie er sich weltanschaulich bindet. Diese Entwicklung begrüsse ich sehr.

Christoph Schmitt, Jahrgang 1964, hat in Tübingen und Münster/ Westfalen katholische Theologie studiert und in philosophischer Ethik promoviert. Er arbeitete als Pastoralassistent in Baar ZG und Wittenbach SG, war Religionslehrer an der Kantonsschule Luzern, lehrte Fachdidaktik für Religionslehrer an der Universität Luzern und war Rektor des Gymnasiums Immensee. Heute ist er selbstständig erwerbend als Supervisor, Coach und Ritualbegleiter.

ICH HOFFE, DER PAPST HAT DEN MUT, DAS UMZUSETZEN – SAKRAMENTENZULASSUNG UND EHEANNULLIERUNG

Ein Gespräch von Martin Lehmann mit Titus Lenherr

Titus Lenherr ist Offizial im Bistum St. Gallen – und damit so etwas wie ein kirchlicher Scheidungsrichter: Er leitet die Eheannullationsverfahren und untersucht also, ob eine Ehe gültig zustande gekommen ist. Er tut das gern und gründlich – und wünscht sich trotzdem, dass Geschiedene bald auch eine neue Beziehung eingehen können, ohne zuvor ihre erste Ehe für nichtig erklären lassen zu müssen. Dabei setzt er auf Papst Franziskus.

Wir sitzen hier in Ihrem Büro, Herr Lenherr – einem Büro, das zugleich auch Verhandlungsraum und Gerichtssaal ist. Was sind das für Leute, die zu Ihnen kommen und ihre Ehe annullieren lassen wollen?

Titus Lenherr: Ganz allgemein gesagt, sind es Menschen, die der katholischen Kirche sehr verbunden sind. Zum einen sind das vor allem Leute mit Migrationshintergrund – sie stammen zum Beispiel aus Italien, Kroatien, Polen, Spanien, Portugal oder Südamerika, aus Ländern also, wo das katholische Milieu nach wie vor sehr lebensbestimmend ist.

Zum anderen sind es immer häufiger auch Personen aus dem Inland, die traditionalistisch ausgerichteten Kreisen nahestehen, der Pius- oder der Petrusbruderschaft etwa. Beiden Gruppen ist es aus Gewissengründen wichtig, dass ihre erste Ehe annulliert wird, bevor sie eine neue Beziehung eingehen.

Und wie oft sind es geschiedene kirchliche Mitarbeiterinnen oder Mitarbeiter, die ihre Missio zu verlieren drohen, wenn sie wieder eine neue Partnerschaft eingehen?

Ungefähr jeder zehnte Fall hat diesen Hintergrund. Das kirchliche Arbeitsrecht wird allerdings hierzulande viel weniger streng eingehalten als zum Beispiel in Deutschland: In der Schweiz wird es manchmal stillschweigend toleriert, dass zum Beispiel ein geschiedener Pastoralassistent in einer neuen Beziehung lebt – auch wenn seine erste Ehe nur zivilrechtlich geschieden, nicht aber kirchenrechtlich annulliert worden ist.

Sie haben es also entweder mit ausländischen oder eher konservativen inländischen Paaren zu tun – und ab und zu auch noch mit geschiedenen kirchlichen Mitarbeitern. Mit ganz gewöhnlichen, volkskirchlich geprägten Schweizer Katholiken aber nicht …

Tatsächlich nur sehr selten. Den meisten ist das zu aufwändig – und auch zu wenig wichtig: Sie lassen sich scheiden, heiraten ein zweites Mal zivil und finden, wenn sie wollen, auch einen Priester, der ihre Beziehung segnet – noch einmal kirchlich heiraten dürfen sie ja als Geschiedene nicht. Und sie gehen übrigens oft auch weiterhin zur Kommunion – obwohl sie das, kirchenrechtlich betrachtet, nicht dürften.

Eine Eheannullation ist keine Scheidung: Es geht nicht darum, ob sich ein Paar im Lauf der Jahre auseinanderentwickelt hat – es geht einzig darum, ob die Partner zum Zeitpunkt der Trauung den rechten Ehewillen hatten.

Titus Lenherr

Gehen wir mal exemplarisch einen Fall durch: Wie geht das vonstatten, wenn jemand eine Ehe annullieren lassen möchte?

Da ruft zum Beispiel eine Frau an und sagt, sie habe sich vor einiger Zeit von ihrem Mann scheiden lassen, in der Beziehung habe es von Anfang an nicht gestimmt. Nun habe sie wieder einen Mann kennengelernt und möchte ihn heiraten. Weil ihm, einem Peruaner, das Sakrament der Ehe sehr wichtig sei, möchte sie ihre erste Ehe für ungültig erklären lassen, damit sie kirchlich heiraten könnten.

So einfach geht das?

O nein, das ist ja bloss die erste Kontaktnahme. Die Verfahren sind recht aufwändig und zeitintensiv. Als kirchliches Ehegericht müssen wir abklären, unter welchen Umständen eine Ehe zustande gekommen ist. Eine Eheannullation ist ja keine Scheidung: Es geht nicht darum, ob sich ein Paar im Lauf der Jahre auseinanderentwickelt hat – es geht einzig darum, ob die Partner zum Zeitpunkt der Trauung den rechten Ehewillen hatten und kein schwerer Mangel vorhanden war, der bewirkte, dass die Ehe gar nicht gültig zustande kam.

Bei einem Vorgespräch, zu dem ich die Frau dann in mein Büro bitte, spreche ich mit ihr über die möglichen Gründe für die Ungültigkeit ihrer Ehe und über die Beweise dafür …

Und da sagt sie zum Beispiel?

Sie sagt zum Beispiel: «Wir lebten vor der Hochzeit schon fünf Jahre zusammen und waren bereits ziemlich desillusioniert. Wir hofften und meinten, die Hochzeit rette unsere Beziehung» – sie wollten das Sakrament sozusagen als magisches Heilmittel für eine menschlich bereits gescheiterte Beziehung nutzen.

Oder sie sagt: «Mein Mann war schon vor der Heirat gelegentlich gewalttätig, er hat's immer wieder bereut und gelobt, es nicht mehr zu tun – aber er hörte nie damit auf. Ich dachte dann, wenn wir mal verheiratet sind und Kinder haben, bessert es schon. Das tat es aber nicht.»

Oder sie erzählt vielleicht, dass ihr Mann schon vor der Hochzeit gesagt habe, er sei noch nicht sicher, ob er Kinder wolle – und dann habe er sich definitiv dagegen entschieden.

Gewalt in der Ehe ist also ein möglicher Grund für eine Eheannullation?

Ja, wenn der Mann keine gewaltfreie Beziehung leben kann, denn dann ist er offensichtlich «aus Gründen psychischer Natur nicht fähig, wesentliche Verpflichtungen einer Ehe zu leben», wie es im Kirchenrecht heisst. Ohne sie im Einzelnen aufzählen zu wollen: Es gibt gut ein Dutzend Gründe für eine Eheannullation – sie sind im «Kodex des kanonischen Rechts» aufgezählt, an ihm muss sich ein kirchliches Ehegericht orientieren. Entscheidend ist die Frage: Wussten die beiden Ehepartner zum Zeitpunkt ihres Trauversprechens, worauf sie sich damit einlassen? Hat die Trauung unter jenen Bedingungen stattgefunden, die das Sakrament verlangt? Wusste das Paar, dass es mit seinem Ja zueinander auch Ja sagt zu Verbindlichkeit, Verlässlichkeit, Treue – und ja: auch zu Kindern? Und war es fähig dazu?

Wenn die Klägerin oder der Kläger in einer Antragsschrift vorträgt, dass zum Zeitpunkt der Trauung ein Mangel im Willen oder an Reife vorlag, und dafür Beweise anbietet, muss ich die Klage annehmen.

Und wenn nicht?

Dann rate ich den Menschen von einem Verfahren ab – und ermuntere sie, ihre bereits eingegangene neue Beziehung aufrichtig vor Gott zu leben, auch ohne kirchliche Annullation der ersten Ehe. Das geht allerdings über meine Aufgabe als Offizial hinaus. (lacht)

Kirchliche Gerichte in den USA vertreten tatsächlich den Standpunkt, dass bereits das Scheitern der Ehe ein Beleg dafür ist, dass sie nicht gültig zustande gekommen ist.

Titus Lenherr

Mal ehrlich: Wenn die Begründung «Ich konnte es damals noch nicht abschätzen, worauf ich mich bei dieser Ehe einlasse», für eine Annullation reicht – dann kann man doch eigentlich jede Ehe annullieren lassen, nicht?

(lacht) Kirchliche Gerichte in den USA vertreten tatsächlich den Standpunkt, dass bereits das Scheitern der Ehe ein Beleg dafür ist, dass sie nicht gültig zustande gekommen ist.

Sie nicht?

Nein. Ich finde, man muss es im Einzelfall abklären. Denn das katholische Menschenbild geht davon aus, dass Menschen fähig sind, mündige Entscheide zu treffen, die das ganze Leben bestimmen. Wir sind nicht einfach Marionetten von Prägungen und Einflüssen, wir sind nicht einfach Spielbälle!

Kommt es vor, dass Verfahren *nicht* mit der Annullation der Ehe enden?

Ich bin seit 2008 im Offizialat des Bistums Sankt Gallen tätig und habe in dieser Zeit rund vierzig Eheannullationsverfahren mitgewirkt. Nur in zwei Fällen endete ein Verfahren nicht mit einer Annullation: Im einen Fall strengte ein Mann das Ehenichtigkeitsverfahren bloss darum an, um seine Exfrau zu plagen. Im anderen Fall konnte die Ungültigkeit mangels Beweises nicht festgestellt werden, weil der Ex-Ehepartner «mauerte».

In der Schweiz werden jedes Jahr rund achtzig Eheverfahren durchgeführt – fast immer werden die Ehen für nichtig erklärt.

Titus Lenherr

Ist das nur im Bistum St. Gallen so oder auch in der ganzen Schweiz?

Das gilt für die ganze Schweiz. In den sechs Bistümern werden jedes Jahr rund achtzig Eheverfahren durchgeführt – fast immer werden die Ehen für nichtig erklärt.

Aufwändig sind die Verfahren, wie gesagt, trotzdem: Stets müssen die Beteiligten einvernommen, Zeugen angehört und nicht selten auch psychiatrische Gutachten eingeholt werden – bisweilen liegt ja die Eheschliessung zwanzig, dreissig Jahre zurück. Den Sachverhalt zu erfassen, ist oft schwierig, und die drei Richter, die über einen Fall urteilen, müssen am Schluss «ohne vernünftigen Zweifel», wie es heisst, feststellen können, dass die Ehe seinerzeit tatsächlich nicht gültig zustande gekommen ist.

Wie lange dauert ein Verfahren?

Ein Ehenichtigkeitsantrag wird stets von zwei Instanzen beurteilt: zuerst vom kirchlichen Gericht des zuständigen Bistums und anschliessend vom Interdiözesanen Schweizerischen Kirchlichen Gericht. Innert anderthalb Jahren sollte ein Verfahren abgeschlossen werden. Das gelingt aber oft nicht.

Und die Kosten?

Die Gerichtgebühr beträgt in der ersten Instanz 400 Franken, in der zweiten 500 – alle anderen Kosten trägt das Bistum. Die Verfahren sollen für alle zugänglich sein. Die Gebühren für allfällige Gutachten muss grundsätzlich der Antragsteller bezahlen –

wenn sie jedoch dessen finanzielle Möglichkeiten übersteigen, übernimmt die Kirche auch diese Kosten.

Mögen Sie Ihre Arbeit?

(überlegt lange) Einerseits muss ich zugeben, dass ich, je älter ich werde, umso öfter Fragezeichen hinter meine Arbeit setze. Die menschliche Problematik ist oft gross – besonders wenn auch noch Kinder betroffen sind oder der ehemalige Partner ein solches Verfahren nicht verstehen kann. Es gibt viele Geschiedene, die ihre Ehe ohne grosse Probleme für nichtig erklären lassen und damit die Grundlage schaffen könnten, ihre neue Partnerschaft auch kirchlich zu legalisieren. Aber sie tun es nicht – dem Ex-Partner und den Kindern zuliebe: weil sie nicht eine ganze Beziehungs- und Familiengeschichte «durchstreichen» lassen wollen, wie es ja den Anschein macht. Manchmal nehme ich mir die Freiheit, Antragssteller auch in diese Richtung zu bestärken – ihr Herz, ihre Empfindungen ernst zu nehmen, sie nicht wegen der «Formalität» zu übergehen.

Und andererseits?

Andererseits tue ich das gern, weil es Menschen wirklich helfen kann. Zudem ist ja in Sachen kirchlicher Eheverfahren derzeit viel in Bewegung. Papst Franziskus hat kürzlich in einer eindrücklichen Ansprache an die vatikanischen Richter gesagt, sie sollten bei ihrer Rechtsprechung künftig vermehrt auch den Zeitgeist berücksichtigen: Paare, die kirchlich heiraten wollten, verstünden unter Heirat heute einfach nicht mehr zwingend dasselbe wie die katholische Kirche. Auch ernsthafte Katholikinnen und Katholiken seien von der Auffassung durchdrungen, dass man sich freigeben sollte, wenn die Liebe erkaltet ist, dass man sich an der momentanen Gefühlslage orientieren und im Moment leben sollte …

Er hat die kirchlichen Eherichter also sozusagen ermuntert, den Kanon der Ehenichtigkeitsgründe zu erweitern: Der herrschende Zeitgeist allein kann dazu führen, dass man eine Ehe gar nicht mehr gültig schliessen kann.

Ja. Bislang ging man davon aus, dass die Mentalität allein kein ausreichender Grund ist, um eine Ehe für ungültig zu erklären. Jetzt sagt der Papst: Doch, sie beeinflusst die Person im Ganzen, also auch ihren Willen. Ich bin froh um den weiteren Rahmen, der uns damit zur Verfügung steht, um eine Ehe für nichtig zu erklären – und den Menschen so die Möglichkeit zu geben, mit dem Einverständnis der Kirche wieder eine neue Beziehung einzugehen.

Ich bin persönlich nicht dafür, die Eheverfahren flächendeckend zu propagieren. Sie sind für viele keine echte Möglichkeit, sondern widerstreben deren menschlichem Empfinden und dem ihrer Kinder.

Titus Lenherr

Sind Sie auch froh darum, dass gewisse Bischöfe und Kardinäle das Ehenichtigkeitsverfahren verkürzen und breiter bekannt machen wollen?

Diese Initiativen kommen ja vor allem von jenen, die darauf pochen, dass Wiederverheiratete absolut nicht zu den Sakramenten zugelassen werden dürfen. Sie meinen, so könnten sie die Unauflöslichkeit der Ehe schützen und es zugleich vielen ermöglichen, wieder die Sakramente zu empfangen.

Nein, ich bin persönlich nicht dafür, die Eheverfahren flächendeckend zu propagieren. Sie sind, wie ich schon gesagt habe, für viele keine echte Möglichkeit, sondern widerstreben deren menschlichem Empfinden und dem ihrer Kinder.

Die Kirche sollte einen Weg eröffnen, damit Menschen, die geschieden und wiederverheiratet sind, wieder legitim am ganzen kirchlichen Leben – also auch an den Sakramenten – teilnehmen können, und zwar ohne Ehenichtigkeitsverfahren!

Titus Lenherr

Was fänden Sie denn angemessen?

Die Kirche sollte einen Weg eröffnen, damit Menschen, die geschieden und wiederverheiratet sind, wieder legitim am ganzen kirchlichen Leben – also auch an den Sakramenten – teilnehmen können, und zwar ohne Ehenichtigkeitsverfahren! Kardinal Walter Kasper hat kürzlich bei einer Zusammenkunft der Kardinäle eine kleine Agenda präsentiert, wie das aussehen könnte. (Holt ein Buch und liest vor) «... wenn ein geschiedener Wiederverheirateter bereut, dass er in der ersten Ehe versagt hat, die Verbindlichkeiten aus der ersten Ehe geklärt sind, wenn ein Zurück definitiv ausgeschlossen ist, wenn er die in der zweiten zivilen Ehe eingegangenen Verbindlichkeiten nicht ohne neue Schuld lösen kann, wenn er sich nach besten Kräften darum bemüht, die zweite zivile Ehe aus dem Glauben zu leben und seine Kinder im Glauben zu erziehen, wenn er Verlangen nach den Sakramenten als Quelle der Kraft in seiner Situation hat: Müssen oder können wir ihm dann nach einer Zeit der Neuorientierung das Sakrament der Busse und der Kommunion verweigern?»

Da ist ein kleines Verfahren angedacht, das ich gangbar fände. Ich hoffe, der Papst hat den Mut, das umzusetzen – man weiss ja, wie viel Widerstand Papst Franziskus da erwachsen ist, auch aus Kardinalskreisen.

Ein kleines Verfahren zwar nur – aber eben doch ein Verfahren. Ist das nötig? In der orthodoxen Kirche ist das heute eine Formsache: Man gibt beim Amt des Bischofs oder des Patriarchen seine Scheidung bekannt und bittet darum, eine neue Ehe eingehen zu können ...

… aber genau das wird von orthodoxen Theologen auch kritisiert: dass kein seelsorgerliches Gespräch mehr stattfindet, das die Vergangenheit, die Gegenwart und die Zukunft des Paars thematisiert, auch Fragen der Schuld und Reue. Ich glaube, dass es ein solches Gespräch braucht – immerhin geht es um das Sakrament der Ehe, das man geschlossen hat.

Glauben Sie, ein solches Verfahren wäre im Kirchenvolk ein Bedürfnis?

Für viele Katholiken ist es ja schlicht nicht mehr von Bedeutung, was die Kirche von ihrem Beziehungsstatus hält. Aber es gibt bestimmt eine ganze Reihe von wiederverheirateten Geschiedenen, die ihre erste Ehe nicht annullieren lassen möchten und die gleichzeitig auch darunter leiden, dass sie, kirchlich betrachtet, in irregulären Verhältnissen leben. Für sie wäre es sicher ein Bedürfnis – auch wenn die zweite Ehe kein Sakrament wäre.

Titus Lenherr, Jahrgang 1942, hat Jurisprudenz, katholische Theologie und Kirchenrecht studiert. Er war fast die Hälfte seines Lebens im Ausland tätig (u. a. in Afrika) und arbeitete als Anwalt, Lehrer, Priester und Handlanger. Seit 2001 ist er Diözesanrichter, seit 2009 Offizial (Gerichtspräsident) im Bistum St. Gallen.

FAMILIEN- UND BEZIEHUNGSVIELFALT WÜRDIGEN

Hanspeter Schmitt

Der rote Faden, der sich durch sämtliche Beiträge dieses Buches zieht, lautet: Die gesellschaftlich gelebte Vielfalt von Lebens-, Liebens- und Familienformen ist in der katholischen Kirche angekommen. Längst ist sie integraler Bestandteil kirchlichen Lebens. Wo Familien und Partnerschaften versucht, entwickelt und erfahren werden, wird sie als ganz selbstverständlich wahrgenommen. Sie wird unaufgeregt zur Sprache gebracht, differenziert diskutiert und zumeist auch willkommen geheissen.

Konsens, kirchlicher Streit und authentisches Streben

Über Liebe, Partnerschaft und Familie gibt es persönlich, kulturell, politisch oder ethisch immer viel und intensiv nachzudenken und zu reden. Dass es in diesen Bereichen eine legitime Vielfalt an Modellen, Wegen und Einstellungen gibt, ist dabei breiter Konsens – von fundamentalistischen Bewegungen einmal abgesehen. Es ist auch Konsens innerhalb der katholischen Kirche! Damit ziele ich auf jene Überzeugung, die von der überwiegenden Mehrheit der Gläubigen geteilt wird. Sie leben solche Vielfalt und erwarten, dass die Kirche sie in ihrer amtlichen Lehre unvoreingenommen zu würdigen beginnt.

Hier kommt es bekanntlich zum Streit. Er legt den Widerspruch zwischen Kirchenvolk und Kirchenleitung im Verstehen und Gestalten von Familie, Liebe und Partnerschaft offen. Zweifellos möchten die Bischöfe den Menschen, die mit Überzeugung auf den ihnen jeweils persönlich möglichen Weg setzen, pastoral begegnen. Sie möchten die Menschen ermutigen und hilfreich begleiten. Das wird deutlich sowohl in ihrem direkten Handeln wie in Lehrtexten im und seit dem Zweiten Vatikanischen Konzil, aber auch in praktischen Hilfen und Handreichungen. Darin wird die personal begründete Liebe beschrieben bzw. wertgeschätzt, und es wird ein grundsätzlicher Respekt für Menschen in unterschiedlichsten Situationen des

Liebens gefordert. Was aber unmittelbar sexuelle Handlungen angeht, hält das offizielle Lehramt an der überkommenen Vorstellung fest, dass sie stets auch der biologischen Fruchtbarkeit zu dienen hätten. Dafür vor allem seien Ehe und Familie gedacht und der unabdingbare «natürliche» Ort.

Diese Position wirkt kulturell wie persönlich prekär; sie marginalisiert die Lebensführung und Einstellung der meisten Menschen. Denn längst haben sich die aktuellen Bedingungen, Aufgaben und Entwicklungen von Ehe und Familie gewandelt. Zum klassischen Ideal sind andere Sinngrössen und Wertorientierungen hinzugekommen: Intimität, Aufbau personaler Identität, lang dauernde Beheimatung, umfassende Fürsorge, die Bewältigung individueller Krisen, Ausgestaltung von Alter und Pflege etc. Zudem suchen Menschen für ihr sexuelles Begehren und Lieben mehr denn je den authentischen Ausdruck. Sie streben nach Selbst- wie Du-Erfahrungen, nach Lust und Erfüllung jenseits der biologisch definierten Fruchtbarkeit. Und sie wollen sich damit nicht mehr verstecken müssen. Offen wagen sie immer wieder neue Aufbrüche, stellen sich durchaus der Frage ihrer humanen Verantwortung, sind aber auf eigene Erfahrungen, Lernwege und selbstredend auf Unterstützung angewiesen.

Alles das geschieht in einzelnen Lebensläufen auch vor, neben und nach der tradierten Ehe- und Familienform, die damit faktisch nur ein Modell unter vielen möglichen Alternativen ist.

Kirche und Vielfalt

Normalerweise hat Vielfalt in der katholischen Kirche ihren festen Platz. Man muss das betonen, weil es das Vorurteil einer prinzipiell uniformen, «einfältigen» Form christlichen Glaubens gibt. Dem entgegen strebt dieser Glaube bereits an seinem biblischen Quellgrund nicht nach schematischer Vereinheitlichung seiner Vollzüge und auch nicht nach der Entpersonalisierung von Biografien, sozialen Strukturen und Schicksalen. Im Gegenteil hat christlicher Glaube schon von Anfang an Menschen zusammengeführt, ohne sie stereotyp «gleichzumachen»: sie sollen vielmehr ihre eigene Berufung entdecken und leben, sich persönlich und wahrhaftig äussern können und ihren individuellen Weg kraft ihrer Ideen, Freiheit und Verantwortung entwickeln. Gewiss führt dieser Glaube in anspruchsvolle Formen gemeinsamen Lebens; darin aber werden unterschiedliche Talente, Charismen, Bedürfnisse und Einstellungen nicht untergraben oder von sich und voneinander entfremdet. Vielmehr werden sie darin angenommen, verbunden, auf einen konstruktiven Weg gebracht; sie werden entlang ihrer Ambivalenz auch kritisch beleuchtet, aber vor allem miteinander zum Wohle der Schöpfung fruchtbar gemacht.

Die Kirche ist ihrem biblischen Erbe verpflichtet. Daraus folgen eine kulturelle wie individuelle Pluralität in ihren Sozialformen und Vollzügen. Nicht Dogmatismus, Ideologie und Moralismus sind Grunderfahrungen der Kirche, auch wenn sich diese Fehlformen immer wieder zeigen. Ursprünglich prägend ist eine kirchliche Struktur, die die unterschiedlichen Kulturen, Generationen, Sprachen, Schichten und Gruppen eint, jedoch ohne ihnen die Originalität zu nehmen und die entstehende Vielfalt zu unterbinden. Zumindest ist das der Anspruch an die Kirche: ein Ort der Kommunikation authentischer Geschichten und Wege des Lebens zu sein; ein gesegneter Raum der Begegnung von verschiedenen Erfahrungen und Versuchen des Daseins; eine vom Geist Gottes beseelte Bewegung, die alle Sprachen versteht und dabei hilft, die Frohe Botschaft in die jeweiligen Kulturen und Lebenswelten zu übersetzen und einzubringen.

Ausgrenzung in Sachen Liebe und Partnerschaft

Einheit in Vielfalt und eine Kultur der Versöhnung von Selbst- und Anders- bzw. Fremdsein sind also die originären Anliegen der Kirche. Das gilt selbst für die Form des christlichen Gottesbegriffes! Dem entgegen erlebt man in der Lehre der katholischen Kirche im Bereich Liebe, Partnerschaft, Sexualität, Ehe und Familie eine erstaunliche Einförmigkeit. Hier werden Vielfalt, mögliche Alternativen und Menschen, die darin verantwortlich und gemäss ihren Umständen handeln, mit ihrer Praxis kirchenamtlich ignoriert oder ins Abseits gedrängt. Begründet wird das mit der Differenz zu dem besagten Prinzip einer einzig für natürlich und gottgefällig gehaltenen sexuellen Lebens- und Liebensform.

Wenn eine solche prinzipielle Ausgrenzung zugleich mit persönlicher, kultureller oder systemischer Macht verbunden ist, führt das stets zu einer Subkultur nicht gewürdigter bzw. unterdrückter Bedürfnisse und Ansprüche ans Lieben und partnerschaftliche Leben. Diese lediglich verschwiegen erhofften und gelebten Formen und Realitäten bilden zwar einen Ausweg, oft aber mit fatalen Folgen für ihre eigene Kultur und Selbsterfahrung. Für alle besser wäre, sie zum Vorschein zu bringen, ihnen auf diese Weise Ansehen und Verständnis, aber auch Kritik und humane Perspektiven zukommen zu lassen. Damit würde das für jeden und jede bestehende Recht auf Identität und sozialen Austausch gewahrt. Zugleich erhielten die Menschen die Chance, von diesen Erfahrungen und Lebenslagen zu lernen – zugunsten der Qualität, Toleranz und Gerechtigkeit ihrer gesamten Kultur und Gesellschaft.

Inzwischen sind wir über das Stadium wirksamer Ausgrenzung hinaus. Wir erleben kulturell wie kirchlich den Ausbruch aus der Subkultur und systematischen Verdrängung von Familien- und Beziehungsvielfalt. Menschen verstecken sich immer weniger. Sie kommunizieren offen ihre Ansprüche ans Lieben bzw. die daraus sich ergebenden unterschiedlichen Formen und Erfahrungen partnerschaftlichen und familiären Daseins. Sie erwarten nicht billige Bestätigung oder kritikloses Einverständnis, sondern ehrliches Interesse und rechnen mit einer – auch in diesen Bereichen geltenden – Gesprächs- und Reflexionskultur. Zurecht bestehen sie aber darauf, darin mit ihren persönlichen Erfahrungen, legitimen Bedürfnissen, Umständen und vor allem mit ihrer eigenen Verantwortung ernst genommen zu werden.

Sämtliche in diesem Buch zusammengetragenen Geschichten und Überlegungen bestätigen und betonen diesen Anspruch. Die befragten Menschen plädieren für eine gezielte Wertschätzung und Würdigung der Familien- und Beziehungsvielfalt. An ihr haben wir alle teil, und wir tragen durch unsere Lebensentwürfe und Biografien zu dieser Vielfalt bei. Vor diesem Hintergrund wird gefordert, dass auch seitens der amtlichen Lehrtexte und Äusserungen der katholischen Kirche die gegebenen Lebenswirklichkeiten nicht länger in Misskredit gebracht werden: ihre positiven wie die herausfordernden Erfahrungen, ihre tiefen existenziellen Bedeutungen und die damit verbundene Übernahme von Verantwortung für verschiedene Wege und Gestalten des Liebens. Sie haben Respekt und eine eingehende Betrachtung verdient! Auf allen Seiten befürchtet man, dass die schon lang zu beobachtende innere wie äussere Emigration aus der Kirche flächendeckend und nachhaltig erfolgen wird, wenn dieser Respekt auch in Zukunft unterbleibt.

In drei Schritten kann die geforderte kirchliche Respektierung von Familien- und Beziehungsvielfalt – ihre Chance wie ihre bestehenden Blockaden – beschrieben werden: Es geht um ihre präzise Wahrnehmung, um ihre umfassende Anerkennung und um ihre konstruktive Gestaltung.

Schritt 1: Vielfalt wahrnehmen

Die Vielfalt an Familien- und Beziehungsformen überhaupt wahrzunehmen, sie dabei mit Interesse und Offenheit kennen- und verstehen zu lernen, ist eine grundlegende Voraussetzung engagierter Würdigung und Respektierung. Diese Wahrnehmung «hintergeht» das schon immer Gewusste, für richtig Gehaltene und Gewollte. Es will – entgegen jeder distanzierten Einordnung und raschen Beurteilung – genau hinsehen und Menschen in ihren konkreten Konstellationen begegnen.

Dabei wird einerseits die vorhandene Pluralität von Lebensentwürfen in ihrer geschichtlichen, kulturellen und situationsbezogenen

Bedingtheit und Unbeliebigkeit zur Kenntnis gebracht. Zugleich tritt der innere Reichtum einer einzelnen Lebensgestalt – ihre jeweilige persönliche Relevanz, die darin verfolgten Ideale wie die bestehenden Herausforderungen – deutlicher und wertvoll hervor.

Eine solche vorurteilsfreie, empathisch anteilnehmende Sicht respektiert folglich die Geschichte sowie die Umstände einer bestimmten Beziehungskonstellation. Sie bringt ihre volle wie ihre partielle Wertigkeit in den Blick, das investierte Können und Bemühen, die bestehenden Entwicklungschancen wie die definitiv erreichten Stufen partnerschaftlichen Gelingens und die Momente menschlichen Glücks. Vor allem beachtet und würdigt sie die unvertretbare Verantwortlichkeit, die den handelnden Akteuren selbstredend auch in ihrer Beziehungsgestaltung zuerkannt werden muss. Diese nehmen sie im Rahmen ihrer Situationen und Kompetenzen kraft gewissensgetragener Entscheidungen mündig, selbst- und sozialbewusst wahr.

Eine solche Wahrnehmungspraxis besitzt eine wichtige ideologiekritische Funktion. In historischer Hinsicht kann nämlich dadurch deutlich werden, dass die Familien- und Beziehungsvielfalt immer schon im Raum stand. Man denke an die strukturell geschlossenen, einheitlich geformten Gesellschaften, etwa des christlich geprägten westlichen Mittelalters oder an spätere bürgerliche Systeme: Das Ideal einer nur der ehelichen Reproduktion und Aufzucht dienlichen Sexualität war auch dort eine Fiktion! Erkennbar sind alternative Bedeutungen und Erfahrungen, auch wenn sie meist unterdrückt oder sanktioniert gelebt werden mussten: das Ringen um erfüllte Beziehungsgestalten; ihr leidvolles Scheitern; standesbezogene wie materielle Grenzen; daraus folgend Liebe und Kinder jenseits der durch Recht und Sitten gemachten Vorgaben; auch die Anziehungskraft zwischen gleichen Geschlechtern; die ungestillte Sehnsucht erotisch getragener «romantischer» Beziehungen; Konflikte, die sich aus der systemischen Missachtung ergaben.

Wenn man sich diese Gegen-, Neben- und Unterströme historisch wirklich klarmacht, wird das vermeintliche Ideal auch für die aktuelle Sicht entzaubert. Es besteht dann die Chance, von einer eindimensionalen Abwertung gegebener Entwicklungen und Lebensformen Abstand zu nehmen und zu einer konstruktiven Auseinandersetzung zu kommen. Eine solche geschieht nicht pauschal, sondern entlang feststellbarer Qualitäten und Güter. Das Ziel ist es, dass die Vielfalt familiären und partnerschaftlichen Lebens nicht nur faktisch vor-, sondern offiziell *hervor*-kommen darf und als ein Wert besprochen wird. Dabei redet man nicht – wie die Kritiker unterstellen – der normativen Kraft des rein Faktischen das Wort. Vielmehr geht es um die Würdigung verantwortlich gestalteten Lebens, für die es gerade in der katholischen Kirche eine starke theologische Tradition gibt.

Fehlende sowie bestehende Wahrnehmung

Oft fehlt es an dieser offenen, wirklich beeindruckbaren Wahrnehmung und der daraus folgenden präzisen Kenntnis von Familien- und Beziehungsvielfalt. Gründe dafür zeigen sich nicht nur kirchlich, sondern sind auch kulturell greifbar. Es ist eine Mischung feststellbar, bestehend aus intuitiver Abwehr ungewohnter oder fremder Lebensstile, der Verteidigung eigener Entwürfe und dahinter das Ringen um existenzielle Sicherung und Orientierung. Hinzu kommen die Angst vor einer überbordenden Dynamik sexueller Antriebe, aber auch ungelebte Sehnsüchte und Bedürfnisse, die selbst keine positive Gestalt fanden und daher im Anderen umso heftiger bekämpft werden. Das verbindet sich oft mit hartnäckigen Vorurteilen und einem entsprechend zurechtgelegten Halbwissen.

So lassen sich bestimmte Beziehungskonstellationen, die man auszugrenzen tief motiviert ist, mit «guten» Gründen anscheinend rational abwerten. Die beinahe wahnhaft betriebene Opposition gegen einen für kulturbedrohlich gehaltenen «Genderismus» ist dafür derzeit das bedrückendste Beispiel.

Umgekehrt zeigt sich in Gesellschaft und Kirche, dass solche Wahrnehmungsdefizite abgebaut werden, je mehr Akteure und Entscheidungsträger mit den Betroffenen unterwegs sind und in Berührung kommen. Die Vielfalt verschiedener Weisen des Familie-Seins und der selbstbestimmten sexuellen Verantwortung ist Realität im Leben kirchlicher Gemeinden. Nach Auskunft der vor Ort handelnden Rollenträger wird diese Vielfalt dort als Normalität und als Ausdruck authentischen Lebens ernst genommen und in ihrer Praxis berücksichtigt: Man sorgt sich um eine engagierte und einbeziehende Wahrnehmung. Die gegebene, gottgeschenkte Vielfalt echten Liebens und Lebens darf kirchlich nicht untergehen; sie soll geschützt sein, wachsen, für alle fruchtbar werden und somit dauerhaft zur Geltung kommen.

Schritt 2: Vielfalt anerkennen

Ein solches Engagement auf Ebene der Wahrnehmung wird bereits als Form der Anerkennung erfahrbar. Denn es geht über distanzierte Beobachtungen oder Feststellungen hinaus und solidarisiert sich mit den Menschen in ihrer jeweiligen Situation und Lage. Diese empathisch getragene Teilnahme und eine darauf beruhende «inwendige» Reflexion machen Akte differenzierter Anerkennung möglich. Dabei leitet nicht eine von aussen gesetzte «objektive» Fiktion perfekter Lebensführung. Von ihr her müssten die konkreten Realitäten und Aufbrüche des Liebens stets als

minderwertig, mangelhaft und falsch abgeurteilt werden. Dem-
entgegen ist eine differenzierte Anerkennung vom Bewusstsein
dafür geleitet, dass es humanes Gelingen und Qualität in Familie
und Partnerschaft auch ohne Perfektionismus – ja gerade ohne
ihn! – gibt. Es gibt diese Qualität bereits auf den Wegen der Entwicklung konkreter Lebensformen: anteilig, in Teilschritten, auch
auf ihren Um-, Ab-, Lern- und Seitenwegen, sprich in der hier und
jetzt erreichbaren Ist-Form der Liebe.

Dafür massgeblich ist eine umfassend annehmende, zugleich
fördernde moralische Haltung: Sie beachtet unbedingt die personale menschliche Würde, wohl wissend, dass niemand ohne
solche Anerkennung und Liebe sein und bestehen kann. Auf dieser Basis bejaht sie in Bezug auf die konkrete Form familiärer und
lebenspartnerschaftlicher Wege verantwortliche – mündige wie
mutige – Entscheide. Sie unterstützt und schützt solche Entscheide: Sie stärkt bereits vorhandene Kompetenzen und Chancen;
geht auf legitime authentische Bedürfnisse ein; anerkennt die
sukzessive schon erreichten Qualitäten; baut mental darauf auf;
berücksichtigt, was in der aktuellen geschichtlichen und persönlichen Lage sinnvoll und möglich ist.

Anerkennung unter Vorbehalt

Es wäre unfair, der katholischen Kirchenleitung und der Lehre insgesamt den Willen zu einer förderlichen Moral abzusprechen. Das
Bemühen zugunsten einer Pastoral barmherziger Güte, Annahme
und Sorge um Menschen jedweder Lebens- und Partnerschaftsformen ist in aktuellen Texten zumeist deutlich spürbar. Allerdings
führt das nicht zu einer Haltung der unbedingten Anerkennung
im hier beschriebenen Sinn. Dem Lehramt scheint nur eine Pastoral vorbehaltlicher Anerkennung möglich, sobald das erwähnte
Ideal einer stets fortpflanzungsorientierten ehelichen Sexualität
nicht erfüllt ist. Von daher werden auch die in Beziehungen oft
nötigen bzw. unumgänglichen Entwicklungen, Suchbewegungen,
Zwischenstationen und nicht zuletzt Situationen des Scheiterns
und verantwortlichen Neubeginns auf dem Weg des Liebens als
in sich schlecht bewertet und damit marginalisiert. Jenseits fort-
pflanzungsoffener ehelicher Akte kann es – so die offizielle Position – keine qualitätsvolle sexuelle Liebe, sondern nur Sünde und
Verfehlung geben.

Diese Position allerdings ist keine «von Natur aus» zwingen-
de, sondern auch Produkt kultureller Deutung. Bereits biblische
Traditionen stehen gegen eine derart pessimistische Sicht von
Sexualität. Bis in die Verkündigung Jesu wehren sie sich, die

Erfahrungen leiblicher und sexueller Natur von vorneherein und pauschal als Quelle von Unreinheit und Sünde zu sehen. Durch diverse leib- und sexualitätsverachtenden Strömungen hält aber der alte Pessimismus Einzug ins frühe und mittelalterliche Christentum. Augustinus steht in diesem Horizont und steckt mit einer Ehegüterlehre den Rahmen für die weitere Entwicklung ab: Akte der Sexualität können demnach allein dann sittlich und gut sein, wenn sie ausschliesslich dem Zweck der Fortpflanzung dienen. Die an sich sündige Lust oder andere Absichten sind dagegen auszuschliessen. Dieser Zweck der Fortpflanzung fordert seinerseits lebenslange eheliche Treue, die zum unauslöschlichen Symbol der unverbrüchlichen Liebe zwischen Christus und seiner Kirche wird.

Spätere Epochen verfestigen diese Deutung durch den Einbau rigoroser Stützen: Ab dem 17. Jahrhundert kommt es zu einer immer akribischeren Verurteilung anderer Formen gelebter Sexualität. Das schlägt sich in detailliert ausgeführten Fallbeschreibungen sündig sich verfehlender sexueller Praktiken und Gedanken nieder, die die Beichtspiegel und moralischen Handbücher prägen. Angesichts der Moderne wird dies nochmals effektiv verstärkt: Hauptbezug ist jetzt eine statisch gedachte, für objektiv gehaltene Natur von Sexualität. Schon an der natürlichen äusseren Ordnung ihrer Akte sei erkennbar, dass sie nur im Dienste der Fortpflanzung und als ehelicher Vollzug wesensgemäss gestaltet sei. Von welcher

Absicht, Mentalität oder konkreter Situation sexuelles Handeln und Lieben geleitet ist, war damit endgültig zweitrangig.

Insgesamt lässt sich also festhalten, dass man es hier nicht mit einer naturgegebenen, sondern mit einer geschichtlich gewachsenen Interpretation der Sexualität zu tun hat. Es ist zu beobachten, dass solche Interpretationen – einmal zur einzig «natürlichen» Praxis gemacht – die Anerkennung anderer Formen und Sinnbezüge bzw. das Gespräch darüber prinzipiell blockieren. Diese Erfahrung gibt es wohlgemerkt nicht nur kirchlich, sondern auch im profanen gesellschaftlichen oder persönlichen Bereich.

Im kirchlichen Fall wirkt sich die lehramtlich gewollte zwingende Bindung jeder sexuellen Handlung an die eheliche Fortpflanzung äusserst prekär für die Anerkennungsfrage aus. Personale Qualitäten (wie Liebe, Treue, Würde, Wahrheit, Fürsorge, Gewissen etc.) werden bekanntlich auch in sexuellen Partnerschaften jenseits der klassisch geschlossenen Ehe gelebt. Diese Partnerschaften gelten dennoch pauschal als verkehrt bzw. als Übel, genau wie biografische Lernwege und Entfaltungen wachsender Liebe. Ebenfalls als prekär, ja empörend empfunden wird, dass aufgrund dieses Ansatzes nicht einmal extremste Notsituationen (etwa im Rahmen der Aidsprävention) oder systemische Zwangslagen (etwa im Kontext der Prostitution) differenziert betrachtet werden können. Damit jedoch wird die alte moraltheologische Tradition der praktischen Angemessenheit und kompetenten Anwendung von Normen (Epikie) empfindlich verletzt.

Umfassende Anerkennung: eine pastorale Realität

Hier setzt bereits seit Jahrzehnten die Kritik an. Gläubige und Fachtheologen erwarten in einem breiten Konsens eine kirchliche Reform dieses Denkens. Niemand zielt auf Liebe allein nach «Lust und Laune» und ohne sittliche Orientierung. Jeder erkennt, dass sexuell geprägte Partnerschaften in ihrer Gestaltung das Niveau menschlicher Würde und wahrhaftiger, nachhaltiger Begegnung anzielen und erfahrbar machen sollen. Aber genauso eindeutig äussert sich der Anspruch, solche humanen Qualitäten sexuellen Liebens auch jenseits von Ehe und Fortpflanzung kirchlich zu benennen und anzuerkennen.

Diese umfassende Anerkennung ist pastorale Realität und soll auch amtskirchlich nachvollzogen werden.

Eine vorbehaltlos anerkennende Pastoral erfahren schon Familien in unterschiedlichsten Konstellationen: mit ihrer je eigenen Geschichte, ihren individuellen Entwicklungen und Brüchen, ehrlichen Neuanfängen und ihrem Mühen, einen Ort der Beheimatung, Pflege und vertrauten Solidarität inmitten anonymisierter Lebenswelten zu bilden.

Auch Jugendliche und junge Erwachsene erwarten und erleben Anerkennung: Sie wachsen unter massiv veränderten sozialen Bedingungen auf, ringen angesichts subtiler Einflüsse um ihre geschlechtliche Identität, entdecken sie oft über Jahrzehnte, üben sie ein, verfolgen dabei sehr starke Werthaltungen und Visionen und sind auf eine Unterstützung angewiesen, die ihrer Entwicklung und kulturellen Lage entspricht.

Schliesslich feste Paare, sei es, dass sie in einer klassisch ehelichen, institutionell nicht definierten oder gleichgeschlechtlichen Verbindung leben oder nach einer Scheidung zusammengefunden haben: In der gemeindlichen pastoralen Praxis wird die Qualität ihres partnerschaftlichen Tuns nicht mehr an der Ehe- und Fortpflanzungsoffenheit gemessen. Das wäre auch bizarr angesichts der personalen Reife und Lauterkeit, des fruchtbaren Engagement und der verlässlichen Zukunft, die sie in ihren Beziehungen realisieren und entwickeln. All das bringen sie offen und ganz selbstverständlich in die kirchlichen Gemeinden ein – oftmals als amtlich Beauftragte und Angestellte.

In der Anerkennungsfrage nicht zu vergessen sind jene, denen eine Partnerschaft (noch) nicht möglich ist, die oft mehr als andere danach ausschauen und für ihre tägliche Lebensführung gegebenenfalls Unterstützung brauchen. Auch sie erleben, wenn sie das wünschen, umfassende pastorale Anerkennung:

Singles jedes Alters, die ihren Partner verloren haben, die aus biografischen oder anderen Gründen allein sind, aber deshalb nicht von Kommunikation, Intimität und sozialer Nähe abgeschnitten sein sollen.

Dann die grosse Gruppe derer, zumeist Frauen, aber auch Männer, die ihre Kinder ohne festen Partner oder alleine erziehen, dabei vor enormen materiellen, zeitlichen und physischen Herausforderungen stehen, kaum genügend Unterstützung durch Politik, Arbeitgeber und Kommune erhalten und zudem erfahren müssen, dass ihre erstaunliche Leistung gesellschaftlich selten gewürdigt wird.

Schliesslich jene Personen, die in ihren sehr vertrauten, oft familiären Systemen traumatisiert wurden, ob durch körperliche oder sexuelle Gewalt, soziale Missachtung, emotionale Ausbeutung oder systemische Dominanz: Um wieder Vertrauen in persönliche Beziehungen und Partnerschaft gewinnen zu können, benötigen sie begleitete Prozesse der Aufarbeitung und Bewältigung. An deren Anfang steht die volle Anerkennung ihrer leidvollen Verletzung. Wenn gemeindliche Pastoral und kirchlich Handelnde hierfür ein Angebot sein wollen, muss das im ehrlichen Bewusstsein der fatalen Missbrauchstaten geschehen, die auch in kirchlichen Einrichtungen, Gemeinden und durch Amtsträger der Kirche verübt worden sind.

Schritt 3: Vielfalt gestalten

Bereits die beiden ersten Schritte machen deutlich: Die Gestaltung von Familien- und Beziehungsvielfalt ist keine Sache der Beliebigkeit oder verminderter Ansprüche. Es geht vielmehr um eine gemeinsam, mit Umsicht und Verantwortung entwickelte Qualität des realen Lebens und Liebens.

Diese Qualität bemisst sich aber nicht autoritär oder vermittels statisch bzw. von aussen her festgelegter Bewertungsschemata. Gerade die althergebrachte kirchliche Idealistik ehelicher Fortpflanzungssexualität inklusive der dafür stehenden Normen haben zur Qualität konkreter Beziehungs- und Familiengestalten nachweislich kaum etwas beigetragen. Sie haben diese oft genug verhindert und die Betroffenen in ihren jeweiligen Entwicklungen und Situationen unter einen destruktiven Druck gebracht. Die so resultierende Entfremdung – sowohl von der kirchlichen Lehre als auch vom Anspruch mündiger Identität – ist manifest und auch im vorliegenden Buch mehrfach belegt.

Familien- und Beziehungsvielfalt gestalten bedeutet zunächst, für solche Vielfalt überhaupt zu sorgen, sprich den Aufbruch und die humane Entfaltung authentischer Lebensstile zu ermöglichen. Solche Sorge müht sich also einerseits um die praktische Verwirklichung, die Entstehung und den Schutz von Vielfalt – wider die strukturelle und gesellschaftliche Ausgrenzung oder Einebnung von individuellen Dispositionen des Lebens. Hier denke ich unter anderem an die sozialen und kulturellen Verwerfungen, denen die Liebe gleichgeschlechtlicher Paare bis heute ausgesetzt ist, aber auch an erhebliche wirtschaftliche oder soziale Nachteile, mit denen etwa kinderreiche Familien oder Familien auf der Flucht aktuell zu kämpfen haben.

Andererseits bedeutet diese Sorge, sich innerhalb dieser Vielfalt und bei der Ausformung der einzelnen Entwürfe und Lebensstile um Qualität zu mühen: Die Kultur eines personalen, in selbstbestimmter Würde und sozialer Sensibilität vollzogenen Menschseins darf in keinem Lebensbereich dauerhaft verletzt oder ignoriert werden. Es geht also auch im sexuellen Handeln und in seinen unterschiedlichen Daseinsformen um eine selbstkritische Authentizität: Sie erstrebt eine menschlich erfüllte eigene Reifung im Kontext und auf dem Weg praktizierter Gerechtigkeit, Treue und Solidarität zwischen den Beteiligten. Hier liessen sich weitere kritische Überlegungen anschliessen, die auf die subtile kulturelle Wirkung bestimmter Klischees in Bezug auf Körper, Geschlechterrollen und sexuelle Leistung bzw. Verfügbarkeit zielen. Sie gefährden die authentische wie die solidarische Gestalt partnerschaftlichen und familiären Zusammenseins.

Leitbegriffe humaner Gestaltung

Welche Leitbegriffe bieten der humanen Ausrichtung von Vielfalt im Rahmen der Lebenspartnerschaften Orientierung? Ich schlage vor, Zielbegriffe, Realkategorien und Normen dafür gut zu unterscheiden:

Zielbegriffe sind wesensorientiert: Sie richten sich auf die gemeinsame Gesamtgestalt des familiären und partnerschaftlichen Lebens. Sie betonen also nicht schon einzelne Handlungen und darauf abgestimmte Regeln, sondern stehen für personale und ethische Grundqualitäten sämtlicher Lebens- und Beziehungsformen: beispielsweise ganzheitliche Anerkennung; praktizierte Würde; Selbsterfahrung in sozialer wie geschichtlicher Verwiesenheit; Vitalität, Begehren und Lust als aktives wie passives Sich-Geben; selbstbestimmtes Handeln wie prosoziale Hingabe; mündige Freiheit als fruchtbare Kreativität und umsichtige Verantwortung; Ächtung von Gewalt, von Instrumentalisierung und Missbrauch; einbeziehende wahrhaftige Kommunikation gegen jede Form der Täuschung; engagierte Treue; Beheimatung als Schutz von Zuneigung, Vertrauen und Intimität; Toleranz mittels Interesse, Kenntnis und Respekt etc.

Realkategorien sind entwicklungsorientiert: Sie wirken auf die vielfältige geschichtliche Erfahrungswelt gelebter Beziehungen ein. Zu nennen sind 1) Begriffe, die sich förderlich auf den schrittweisen

Aufbau und Entfaltungsweg solcher Lebensformen und ihre Kompetenzen richten: z. B. Ich-Stärke inkl. Empathie; Erfahrung inkl. konstruktiver Ausschau; Vernünftigkeit inkl. Sensitivität; Offenheit inkl. Entwicklungskraft; Fantasie inkl. Gestaltungsinteresse; Kooperation inkl. Kritik bzw. Entschiedenheit. 2) Begriffe, die im Fall von Scheitern und Schuld, von erlittenen Enttäuschungen, Brüchen und Defiziten aufklärend, versöhnend oder befreiend wirken: z. B. etwas ansprechen, bearbeiten, akzeptieren oder stehen lassen können; sich neu orientieren, es nochmals versuchen oder es anders anpacken; etwas angemessener bewerten bzw. deuten; sich selbst bzw. den oder die anderen annehmen; lernen, sich zu entscheiden, zu unterscheiden, sich besser abzustimmen oder gegebenenfalls sich klar abzugrenzen. 3) Begriffe, die die Anerkennung realen Lebens bzw. der erreichbaren Ist-Form der Liebe kommunizieren: denn sie kann nie vollkommen sein, wird aber bestmöglich gewagt und verantwortet – und sei es als anspruchsvoller Kompromiss, der dem als optimal gedachten Austausch aktuell am nächsten kommt.

Normen schliesslich sind situationsorientiert: Sie sind der sprachliche Ausdruck konkret greifender Regeln des Beziehungshandelns unter bestimmten Umständen und im Kontext faktischer Möglichkeiten. Sie sind gewiss nicht beliebig veränderbar, fallen aber weder vom Himmel, noch sind sie auf «naturale» Weise entstanden oder begründet. Vielmehr muss man sie in Korrespondenz mit besagten Zielbegriffen und Realkategorien kommunikativ entwickeln und mündig verantworten (etwa in Bezug auf die verantwortete Elternschaft; im Kontext der Sexualität Jugendlicher; im Bereich inklusiver Behindertenarbeit etc.). Ihre letzte moralische Gültigkeit und Tauglichkeit zeigt sich durch die Erfahrung: Wenn sie in den gegebenen Umständen, Möglichkeiten und Grenzen konkreter Beziehungssituationen die Entfaltung von Humanität und Liebe nachweislich fördern, können sie als triftig gelten.

Diese ethische Unterscheidung würde ermöglichen, dass sämtliche Familien- und Partnerschaftsformen künftig auch kirchlich im Horizont derselben Ziel- und Entwicklungsideen stehen und bewertet werden. Das hiesse vor allem, dass ihre Entfaltung – frei von prinzipieller offizieller Ächtung – beschrieben und praktisch begleitet wird. Ihre Wertigkeit bzw. die Qualität und Lage ihrer personalen Gestaltung könnten differenziert betrachtet, gewürdigt und, wo nötig, sachgerecht und rational kritisiert werden. Umgekehrt wären situationsbezogene Normen und Regeln – gerade im Bereich gelebter Sexualität – keine absoluten «unbedingten» Grössen mehr; sie hätten dann die Pflicht und auch die Chance, ihre moralische Relevanz zu beweisen: anhand konkreten Lebens und mit Blick auf unabdingbare personale Werte.

Eine äusserliche Kasuistik der peniblen Sündenbeobachtung, die sich primär an der Norm steter ehelicher Fortpflanzungsoffenheit aufhängt, wäre damit freilich ethisch auf den Prüfstand gestellt.

Jesuanische Theologie: vorbehaltlose Würdigung

Es wird, wie gesagt, nicht bezweifelt, dass die offizielle Lehrverkündung der katholischen Kirche um eine annehmende Pastoral der Familien- und Beziehungsvielfalt bemüht ist. Umgekehrt scheint sie durch die beschriebene naturrechtlich blockierte Ethik letztlich auch pastoral blockiert zu sein: Sie gelangt – trotz eingehendem, auch persönlichem Bemühen – lediglich zu einer Pastoral vorbehaltlicher Würdigung.

Nach dem Urteil der grossen Mehrheit der getauften Christen, kirchlichen Amtsträger und theologischen Fachleute wird damit die Verkündigung und Praxis des Jesus von Nazaret deutlich unterboten. Denn Jesus kommuniziert eine Pastoral der vorbehaltlosen Würdigung durch Gott und setzt dafür sein Leben ein – dies im Horizont endzeitlicher Entschiedenheit, Umkehr und Vollendung.

Selbstredend treten auch bei Jesus die Ideale des Gelingens partnerschaftlicher, ehelicher und familiärer Verbindungen unzweideutig zu Tage. Der dabei entscheidende Gesichtspunkt ist aber nicht die gleichwie definierte äussere bzw. statische Form jeweiliger Lebensweisen. Deren Gegebenheit ist im Horizont der Endzeit ohnehin relativiert und stark im Wandel begriffen. Es geht Jesus um die heilsbezogene Entfaltung von Lauterkeit, Wahrheit, Vitalität und Solidarität der miteinander und mit Gott lebenden Menschen.

Die in Jesus Christus angesagte und deutliche Praxis Gottes setzt damit pastoral bei der Zuwendung und Annahme unterschiedlicher Geschichten, Schicksale und Lagen an. Sie sagt den betroffenen Menschen unbedingte göttliche Güte und Würdigung zu. Kraft dieser Würdigung werden Menschen fähig, ihr Dasein aufrichtig und sozial zu gestalten, sich gemäss ihrer Möglichkeiten menschlich zu entfalten und sich zu einer Praxis in der Haltung der «grösseren Gerechtigkeit» (Mt 5,20) und ehrlichen Gottes-, Nächsten- und Fernstenliebe zu bekehren.

Aus dieser jesuanischen Vorgabe wachsen Erkenntnisse, die einer Theologie vorbehaltloser Würdigung die Wege bereiten: Notwendig sind Theologien, die Menschen auf ihrem Weg in ein authentisches humanes Gelingen von Partnerschaft, Liebe und Familie nicht unter Druck setzen und von sich und Gott entfremden. Sie sollen Menschen vielmehr heilsam ermutigen und ihnen zur Seite stehen. Dann sind sie bereit und fähig, sie auf ihren Um-, Ab-, Hin- und Seitenwegen des Liebens zu begleiten, sie dabei anzuerkennen und mit Respekt und auch mit kritischem Verständnis zu beraten.

Eine derart entwicklungsfördernde – das Mögliche wie Nötige sukzessive unterstützende – Theologieform verrät die starken Visionen und Ideale heilvoll gelingender Liebe nicht. Aber sie anerkennt ihre dafür stets notwendigen Such- und Lernschritte. Sie realisiert nicht ignorierbare Situationen und Lebensumstände von Menschen in förderlicher und annehmender Weise. Dies geschieht im Vertrauen auf ihr aufrichtiges Bemühen und ihr Engagement sowie mit Blick auf stets schrittweise erreichbare humane Qualitäten und Wachstumschancen.

Inspiration für anstehende Dialoge und Reformen

Auf Basis einer solchen Theologie werden auch die jetzt anstehenden kirchlichen Dialoge und Reformen inspiriert und können gelingen. Unstimmigkeiten sachlicher Natur lassen sich so bearbeiten und besser verstehen: etwa exegetisch der Sinn des jesuanischen Ehescheidungswortes; dogmatisch das Verständnis bzw. die Entfaltung der sakramentalen Dimension der Ehe; kirchenrechtlich die Chance und auch die Unwägbarkeit der in den Blick gebrachten Annullierungsverfahren; liturgie- und pastoraltheologisch der Stellenwert kirchlicher Segnungen und ihre Symbolik; theologisch-ethisch die Reflexion gängiger Familien-, Partnerschafts- und Eheideale und ihr Verhältnis zu überzeugt gelebten Erfahrungen bzw. zu bestimmten Handlungsnormen etc.

Die aus meiner Sicht theologisch bedeutsamste Aussage zielt auf die Perfektion partnerschaftlichen und familiären Lebens: Diese Hoffnung ist nicht allein fachlichen und kirchenamtlichen Texten eigen. Sie spiegelt auch die sittliche Haltung und persönliche Erwartung der meisten nach Beziehung strebenden Menschen. Hier muss man theologisch befreiend betonen, dass Vollkommenheit eine Kategorie Gottes ist. Die schöpfungsgemässe Entfaltung unserer Familien- und Beziehungsgestalten ist zwar menschliche Berufung und Aufgabe, ihre Vollendung liegt aber nicht in unserer Hand. Sie darf menschlichem Handeln nicht einfach angelastet werden.

Göttliches und Menschliches ist also gut zu unterscheiden. Menschen dürfen sich entwickeln: Sie müssen sich immer auch riskieren, entwerfen die Bilder ihres Glückes, tragen ihre Liebe in zerbrechlichen Gefässen. Sie werden also nie ganz fertig sein, erreichen gewiss vieles, versagen aber auch, bleiben hinter ihren vollen Möglichkeiten zurück und scheitern womöglich. So gesehen sind alle unvollkommen und auf dem Weg, biblisch gesprochen Sünder – und zugleich von Gott begleitet und befähigt, angenommen und gewürdigt.

Deshalb hat ethisch, theologisch wie pastoral der christliche Glaube an die Gaben Gottes das letzte Wort. Das Vertrauen in Gottes Partnerschaft und Vollendung, in seine gute Schöpfung. Dieses Vertrauen hilft, anzunehmen und anzuerkennen, was Menschen im Rahmen ihres Lebens und Liebens möglich wird und gelingt. Dies in kirchlicher Lehre, Praxis und Verkündigung unvoreingenommen zu verdeutlichen und zu leben, würde das vielfältige Gelingen von Partnerschaft und Familie wahrhaft beflügeln.

MITARBEITERINNEN UND MITARBEITER AN DIESEM BUCH

Arnd Bünker, Dr. theol., Studium der katholischen Theologie und Sozialpädagogik in Münster/Westfalen und Belo Horizonte/Brasilien. Von 1998–2009 Mitarbeiter und Assistent am Institut für Missionswissenschaft der Universität Münster. 2004 Promotion mit einer Arbeit zum Thema «Missionarisch Kirche sein? Eine missionswissenschaftliche Analyse von Konzepten zur Sendung der Kirche in Deutschland». Seit 2009 Leiter des Schweizerischen Pastoralsoziologischen Instituts in St. Gallen, geschäftsführender Sekretär der Pastoralkommission der Schweizer Bischofskonferenz. Titularprofessor für Pastoralsoziologie an der Universität Freiburg i. Üe.

Christina Caprez, lic. phil., M.A., Soziologin, Journalistin und Autorin. Studium der Soziologie, Geschichte, Ethnologie und Gender Studies in Zürich, Coimbra und Berlin. Von 2003 bis 2014 Redaktorin bei Radio SRF2 Kultur. Forschungsprojekte, Radiosendungen und Moderationen von Podien in den Themenbereichen Familie, Religion, Migration, Geschlecht und Sexualität. Autorin des Sachbuchs «Familienbande. 15 Porträts» (Limmat Verlag 2012) über vielfältige Familienformen in der Schweiz. Derzeit Forschungsprojekt über die Biografie von Greti Caprez-Roffler, der ersten reformierten Pfarrerin Graubündens.

Heidi Kronenberg, Studium der Kommunikationswissenschaft und Journalistik an der Universität Freiburg i. Üe., Diplomabschuss 1998. Journalistin und Präventionsfachfrau, Projektleitungen, Lehraufträge und Evaluationen in der Gesundheitsförderung. Von 1996 bis 2000 Redaktorin bei «chrüz u quer», ökumenisches Radio der Berner Kirchen. Von 2000 bis 2013 Redaktorin bei Radio SRF2 Kultur, Ressort Gesellschaft/Religion. Seit August 2013 freie Mitarbeiterin bei SRF2 Kultur.

Martin Lehmann, Journalist und Autor. Studium der evangelischen Theologie in Zürich und Bern, anschliessend vielfältige journalistische Tätigkeiten: Redaktor bei der Tageszeitung «Der Bund», beim katholischen Jugendmagazins «LÄBIG» und bei der Schweizerischen Kindernachrichtenagentur (kinag). Zwischen 1999 und 2013 Redaktionsleiter der evangelischen Berner Monatszeitung «saemann» (später «reformiert.»), seit 2013 Redaktor bei Radio SRF2 Kultur. Kolumnist bei verschiedenen Zeitschriften; Autor der 2014 erschienenen Kolumnensammlung «Aber hallo!» (Cosmos Verlag).

Hanspeter Schmitt, Dr. theol., 1981–1987 Studium der Theologie und Philosophie in Bamberg. 1988 Priesterweihe. Danach pastorale Arbeit im Rahmen der Klinik-, Jugend- und Berufungspastoral. Ab 1994 zudem Assistent am Lehrstuhl für Moraltheologie der Universität Bamberg. 2001 Promotion mit einer Arbeit über «Empathie und Wertkommunikation». 2007 Habilitation im Fach Theologische Ethik mit einer Arbeit über «Sozialität und Gewissen». Seit 2007 Professor am Lehrstuhl Theologische Ethik an der Theologischen Hochschule Chur.

Christoph Wider, freischaffender Fotograf und Bildredaktor. Fotojournalist u. a. für das Bieler Tagblatt, Leiter der Bildredaktion des ehemaligen Walter Verlags, Mitarbeiter bei Kodak Schweiz und seit 2000 Bildredaktor beim FORUM, dem Pfarrblatt der Katholischen Kirche im Kanton Zürich. Schwerpunkt in seinem Schaffen ist das Thema Mensch und Gesellschaft. Veröffentlichung verschiedener Bücher, Realisierung des EU-Fotoprojekts Eigensicht–Fremdsicht (2007).

Für meine Freundin

Dichterinnen über die Freundschaft

Jan Thorbecke Verlag

INHALT

Freundschaft

Freunde sind mir die, mit denen ich
Essen und trinken und reden kann.
Die mich in meiner Küche kennen,
Und denen ich sage: Komm, setz dich ran.
(Keine Probleme und Komplikationen:
Wie füttert man den? Ist der Schnaps gut genug?)
Mit denen gemeinsam ich in den Jahren
Meine und ihre Lasten abtrug:
Krankheit der Kinder und Weltüberdruß.
Mit denen ich die Nächte zerrede.
Und doch kommt es niemals zu einem Schluß.
Das kann auch über Fernen bestehen.
Auch wenn man sich lange Zeit nicht sieht:
Halten wir nur aneinander fest,
Was immer sonst auch mit uns geschieht.
Freundschaften sind wie Abenteuer,
An die man sein ganzes Leben setzt.
Versagt man oder wird man verraten,
Hat man sich mehr als die Haut verletzt.

Eva Strittmatter (*1930)

Blindes Vertrauen und liebenswürdige Nachsicht

CHARLOTTE VON STEIN AN CHARLOTTE SCHILLER
WEIMAR, DEN 30. JANUAR 1786

*Gestern, liebes Lottchen, erhielt ich Ihren Brief vom 22.
und schämte mich sehr auf Ihr Andenken zu meinem
Geburtstag nicht eine Silbe geantwortet zu haben. Ich muss
Ihnen ganz (einen Ausdruck der possierlichen Göchhausen
zu gebrauchen) wie eine Nebenfreundin vorkommen. Aber
Sie handeln recht, wie es einem in den allerliebsten Märchen du palais de la vérité von der Madame Genlis gelehrt
wird: »que la confiance aveugle et l'aimable indulgence
forment les liens les plus doux qui puissent unir les coeurs.«
[dass blindes Vertrauen und liebenswürdige Nachsicht die
süßesten Bande schmieden, die zwei Herzen verbinden
können]. Wenn Sie das Märchen noch nicht kennen, so
empfehle ich es Ihnen.*

*Ihre Zeichnung ist allerliebst, wenn ich meinem Lottchen
nicht alles Gute gönnte, so könnte ich eifersüchtig darauf
sein.*

*Ich möchte Sie gern mit dem, was Goethe über Lavater's
Magnetisieren denkt, befriedigen, aber er ist der immer
Schweigende [...] Ich will jedoch sehen, ob ich das, was
Weikert darüber geschrieben, hier bekommen kann.*

*Ich habe manches Projekt gemacht, wie Sie durch eine
Gelegenheit über Kochberg uns hier besuchen könnten,
aber leider kommen nur immer Holzfuhren und keine
anständige Equipage für mein Lottchen daher.*

*Nun etwas Wirtschaftliches. Vergessen Sie nicht, mir das
Kalb von der Kuh, die so viel Milch gibt, zu verschaffen,
wenn es ein Kuhkalb ist [...] und wenn Sie noch mehrere*

solcher berühmten Kühe wissen, so handeln Sie mir ja alle
Kälber davon ein. Sie sollen Ihre Freude daran haben, wie
schön ich sie will erziehen lassen, und was für guten Rahm
sie bekommen sollen, wenn Sie mich in Kochberg besuchen
werden.
Nach Karlsbad gehe ich gewiss.
Leben Sie recht wohl!
Ihre treue
von Stein

CHARLOTTE VON STEIN (1742–1827)

Ich vermag auch mit niemand so wie mit Ihnen froh und zugleich betrübt zu sein

Königin Luise von Preussen
an Caroline Friederike von Berg

Meine teure, zärtlich geliebte Berg. Wenn Sie doch bald wiederkommen könnten! Gott weiß, wie ich mich darüber freuen würde und wie mir das wohltäte. Ich vermag auch mit niemand so wie mit Ihnen froh und zugleich betrübt zu sein [...]. Kommen Sie also wieder, wenn Sie können, und so schnell wie möglich. Alles, was ich lese, wird besser verarbeitet, wenn Sie bei mir sind. Ich wiederhole es Ihnen so ganz natürlich und ohne alle Befangenheit: Ihre Gesellschaft, Ihr Dasein allein ist Wohltat für mein Herz und für meinen Verstand. Sie geben das Ihre dazu, ich das Meine, und unser Tun, mag es heiter oder ernst sein, ist herrlich [...]

Im Garten, den 8. Juli 1808

Einen Menschen wissen ...

Einen Menschen wissen,
der dich ganz versteht,
der in Bitternissen
immer zu dir steht,
der auch deine Schwächen liebt
weil du bist sein;
dann mag alles brechen
du bist nie allein.

MARIE EBNER-ESCHENBACH (1830–1916)

Ein Verbrechen
ist unsere Entfernung

Pauline Wiesel an Rahel Varnhagen
Bern, den 22. September 1810

*Liebe Ralle, ich kann heute einen großen Brief schreiben,
Zeit und Gelegenheit sind da. Womit aber soll ich anfangen? Wie geht es Ihnen? doch besser? [...] Ich habe seit
vier Wochen keine Silbe von Ihnen bekommen. [...] Ich
bin noch immer hier, der Ort ist göttlich, die ganze Gegend
rundum göttlich; alles gefällt mir drin und entzückt mich;
nur die Menschen sind infam, dumm, kleinlich, erbärm-
lich, kurz unausstehlich, sie sind nicht für diese Schönhei-
ten gemacht; auch ist mir das ein Gräuel, so allein zu sein.
Wenn wir beisammen wären, liebe Ralle, wie würde uns
dann diese Natur hier vorkommen!*

*Ralle, welche Pläne haben Sie? Sind Sie immer noch
krank? Haben Sie keine Lust und Möglichkeit, hierher zu
kommen? Mit mir, Ralle, kann es Ihnen nicht ganz schlecht
gehen*

*[...] Soll unser projektiertes Wirtshaus für uns beide nicht
mehr blühen? — Wieder hab ich jemand gesprochen, der
Christel Eigensatz kennt in Venedig, sie ist noch immer
reizend, glücklich mit dem Wirtshaus. Wollen wir zu ihr,
Ralle? Wir brauchen dort nicht viel Geld; das Meer ist dort
schön.*

*[...] Ralle, wo sind Sie diesen Herbst? Die Weinlese
ist hübsch lieblich, wenn Sie doch hier wären! In den
Weinbergen ist es jetzt so angenehm, und das Götterwetter
dazu! Auf lebt alles, was Gefühl hat, in diesem Wetter.
Ralle, Ralle, ein Verbrechen ist unsere Entfernung.*

*[...] Zwei Jahre sind es nun, dass ich Berlin verlassen
habe, und Sie sind noch immer dort! Ralle, ein Raub der
Natur ist es. —
Leben Sie wohl, Ralle! Antworten Sie mir bald [...]*

PAULINE WIESEL (1778–1848)

Eine hätte die Natur aus uns beiden machen sollen

RAHEL VARNHAGEN AN PAULINE WIESEL:
KARLSRUHE, DEN 23. APRIL 1818

Teure Pauline! Hätten wir uns vor Wiesel gekannt, so hätte Sie einen Freundin gehabt, die Ihnen nicht wie eine Pedantin hätte vorkommen können, und die Ihnen doch sanft, Ihre Natur anerkennend, hätte raten können! Diese Freundin wär' ich gewesen. Welch Leben, kluges, gutes, naturgemäßes, freies Leben, hätten wir uns mit den Mitteln, die uns zu Gebote standen, bereiten können! Welch Leben! [...] Wir mussten uns um 10 Jahr verfehlen! Und Sie zerstört werden; und auch ich. Jeder auf seine einzige Art. Ja, das kann ich wohl sagen! Denn einzig bildete uns beide die Natur; und dies was folgt, wiederhole ich: Eine hätte die Natur aus uns beiden machen sollen. Solche wie Sie hätte mein Nachdenken, meine Vorsicht, meine Vernünftigkeit haben müssen! Solche wie ich Ihren Lebensmut, und Ihre Schönheit. Sonst haben wir vollkommen, was eine begabte Menschennatur beglücken kann. Sinn; Sinne; Verstand, Laune, empfindliches Herz, Kunst und Natursinn — das heißt auf unserer Sprache: »wir lieben Grünes«. — O! Pauline, und doch müssen wir so verschmachten! Ich kann die Welt nicht bezwingen ohne große fortune, [...] aber sie hindert uns und bändigt uns, wenn wir sie nicht zwingen können, uns nicht zu stören.

Sie sehen schon, liebe Einzige, was mir diese Betrachtung, diese Schmerzen in Worte gekleidet ausgepresst. Aber verzweifeln Sie nie an mir: auch an meiner endlichen Tätigkeit zu unserem Zusammenleben nicht!!! Es ist mein ganzes Drängen, und auch Varnhagen bezweckt nur dies für mich: weil er meine innerste Natur kennt. — endlich dringt hart vom Herzen bei diesen Worten eine Träne durch mein Aug! — und weiß, dass nur der wahrhafteste Umgang mich beglücken kann: der ist der mit Ihnen.

RAHEL VARNHAGEN (1771—1833)

Sie bleibt meine Freundin

Du kamst und du warst wie ein Magnet,
und ich fühl mich auch echt bei dir wohl.
Doch es gibt etwas, das, was ein
Mann nicht versteht,
und sie ist der Gegenpol.

Also bohr nicht mehr rum,
wenn ich so oft bei ihr bin;
ich geh halt heut Abend zu ihr.
Und glaube, selbst du kriegst das nicht hin,
dass ich sie aus den Augen verlier.

Heut seh ich sie
ich will dafür kein Alibi.
Heut seh ich sie
ich will dafür kein Alibi.

Nimm sie bitte hin
weil ich für sie bin.
Sie bleibt meine Freundin! Ja ja...
Sie bleibt meine Freundin!

Mit ihr hab ich Schlösser in Wolken gebaut,
den Märchenprinz darin gesucht.
Mit ihr hab ich dann die Enttäuschung verdaut
und auf alle Männer geflucht.

Sie hat einen Namen
also nenn sie nicht »die«,
lass ihr Bild stehn auf meinem Regal.
Komm, sprich bitte auch nicht mehr
schlecht über sie
und stell mich bitte nicht vor die Wahl!

Heut seh ich sie
ich will dafür kein Alibi.
Heut seh ich sie
ich will dafür kein Alibi.

Nimm sie bitte hin
weil ich für sie bin.
Sie bleibt meine Freundin! ja ja...
Sie bleibt meine Freundin! ja ja...

DIETHER DEHM/ANNE HAIGIS
(VON DEM ALBUM »ANNE HAIGIS«, 1985)

An Fräulein Thomasius nach der Abreise aus Nürnberg

AUF DER DONAU UNWEIT VILSHOFEN
DEN 8. SEPT. 1749

Ich weine noch um Dich, du Muster edler Seelen!
Mein Auge tränet noch von Schmerz und Zärtlichkeit.
Und dieser bittre Schmerz, dies sehnsuchtsvolle Quälen
Ist noch das einzige, was mir jetzt Trost verleiht.
Ich ehre Gram und Leid in den gequälten Herzen,
Die Tränen sind mir mehr als tausend Freuden wert.
Was ich an Dir verlor, das kann ich nie verschmerzen,
O wie so schleunig hat sich meine Lust verkehrt!

Wie sehnlich wünscht' ich oft das Glücke, Dich zu sehen!
Wie stark riss mich der Trieb zu Deinen Mauern hin!
Nun hab ich Dich erblickt; nun ist's um mich geschehen!
Nun schwebt Dein rührend' Bild mir stündlich in dem Sinn.
[...]
Der Freundschaft heilig Band, das uns so fest gebunden,
Eh als Du mich gesehn, eh als ich Dich gekannt,
Das eben schlägt mir jetzt die allertiefsten Wunden,
Weil ich weit mehr an Dir, als ich gehofft, fand.
Doch nein, Dein süßes Bild soll mich beständig laben;
Ein ewig teures Gut wird durch Verlust nicht klein,
O Freundin! Dich gekannt und Dich umarmet haben,
Soll mir bis in mein Grab stets im Gedächtnis sein.
[...]
Und wird bei dunkler Nacht Dein Zimmer Dich umschließen,
Wo, was Du denkst und schreibst, viel Kluge neidisch macht,

So werd ich bei Dir sein, und mich erinnern müssen:
Hier wünscht ich, Freundin, Dir die letzte gute Nacht.
Gehab Dich ewig wohl, Du Kleinod edler Seelen:
Gib keinen Zweifel statt, mein Herz bleibe ewig Dein.
Wer so vortrefflich wählt, der kann nur einmal wählen;
Und Deine Freundschaft muss mir mehr als tausend sein.
Komm, Teure, fern vom Hof und seinem leeren Scheine
Sei meine Brust bei Dir der reinsten Freude voll;
Was trübt der Augen Licht? Wie kommt es, dass ich weine?
Ach, ich bin fern von Dir! mein Engel, lebe wohl!

LUISE ADELGUNDE VICTORIE GOTTSCHED (1713–1762)

Meine Seele ist bei Ihnen

Aus dem Briefroman: Rosaliens Briefe
an ihre Freundin Mariane, 1. Brief

Lassen Sie mich, meine geliebte, so lang gewünschte Freun-
din, einige Tränen über mein Schicksal weinen, das mich
von Ihnen entfernt, und alle die süße Freuden zerstört, die
mir ihre Güte und Ihr Geist wechselsweise schenkten. Was
ist Leben, Glück und Wissen, wenn sie nicht von anteil-
nehmender Liebe und Freundschaft mit genossen werden!
— Wie lange wartete mein Herz auf diese irdische Seligkeit! —
Ihr feiner aufgeklärter Geist, Ihre edle, liebreiche Seele,
haben mir solche in vollem Maß gegeben. — Sie erforschten
mich, und da sie sahen, dass mein Herz gut ist und mein
Kopf denken und fassen kann, so waren Sie zufrieden,
ohne zu fordern und zu hoffen, dass ich fehlerlos sein sollte.
— Ihre Gesinnungen waren zärtlich, Ihre Hochachtung
aufrichtig, ohne den hohen Grad Schwärmerei, aus wel-
chem die Unverträglichkeit entspringt. Sie sind das zweite
wahre Geschenk des Himmels, das mir zuteil wurde; denn
nachdem ich ein Herz voll Gefühl des Edlen und Guten
erhalten hatte, so fehlte mir noch ein anderes, auch dessen
Zeugnis ich mich stützen konnte. Ihre moralische Seele war
mein zweites Gewissen, Ihr geübter Geist die Bewährung
des meinigen. Ihnen ist weder die Lebhaftigkeit meines
Kopfs noch die überfließende Empfindsamkeit meines
Herzens jemals anstößig gewesen. —
[...]

Denn, meine Mariane, meine Seele ist bei Ihnen, mit Ihnen allein redet sie durch mein Vertrauen, und in meinen Briefen mit andern redet meine Achtung, meine Höflichkeit, welches Abgaben und Anforderungen sind, die ich niemand versagen werde. — Aber Sie, meine Freundin, Sie allein haben die besten Gesinnungen des Herzens
Ihrer
Rosalia.

SOPHIE VON LA ROCHE (1730–1807)

Auf das Wiedersehen
einer Freundin

Schwebet nieder, holde Musen!
Lasst mir Rosen blüh'n;
Gerne ruht an eurem Busen
Froh die Sängerin.

Lehret mich die Wonne schildern,
Die uns Freundschaft bringt;
Kommt mit euren Himmelsbildern
Liebevoll, und singt

Lob und Preis des Vaters Güte,
Die mit sanftem Ruf
In dem fühlenden Gemüte
Das Verlangen schuf,

Innig treu geliebt zu werden;
Denn an Freundes Hand
Tragen heiter wir Beschwerden
Durch der Prüfung Land.

O! auch mir strahlt Segensfülle
An der Freundin Brust;
Heut' nach langer Trennung Stille
Lacht mir neue Lust.

»Gleichgesinnte wiederfinden«,
Wer kennt den Genuss?
Jahrelange Leiden schwinden
Vor der Freundin Kuss.

Bitter sind des Abschieds Tränen,
Kummervoll geweint;
Eine Stunde stillt das Sehnen,
Die uns mild vereint.

Henriette! deine Liebe
Schafft den Himmel mir;
Scheint die dunkle Bahn mir trübe,
Licht verdank' ich dir.

Darum preise, meine Leier,
Jenen Augenblick,
Der des Wiedersehens Feier
Führte still zurück.

Luise Egloff (1802—1835)

In das Stammbuch
einer Freundin

Wandle fröhlich durch des Lebens Stürme!
Nur die Tugend sei dein fester Stab!
Und der Unschuld sanfte Hand beschirme
Deine edle Seele bis ins Grab!

Ruhig, Freundin, fließe gleich der Quelle
Ungetrübt dein stilles Leben hin;
Lächelt oft die Freude dir nicht helle,
O so sei es hell im innern Sinn!

Freundschaft soll mich fest mit dir verbinden,
Bis ich steige zu der kühlen Gruft,
Und auch dann wirst du mich wieder finden,
Wenn uns Gott ins bessre Leben ruft.

Nichts wird dort mehr unsre Seelen trennen:
Freundschaft, die uns jetzt so glücklich macht,
Lernen wir dann nur noch besser kennen,
Wenn ihr Engel uns entgegenlacht.

Luise Egloff (1802–1835)

An eine gute Freundin, als sie nach dem Bade verreiset war

Hier kommt ein schmales Blatt, nach deinem Wohl zu fragen,
Wonach die Sehnsucht mich gar öfters fragen heißt,
Doch will dir selbges auch, entfernte Freundin, sagen,
Dass in der Tat mit dir mein Herz zugleich verreist.

Ich scherze nicht mit dir, denn ohne dich zu leben,
Geht mir, ich schwör es dir, recht schwer und bitter ein.
An deinen Umgang scheint mein Herze mit zu kleben,
Und dein Verlust setzt mich in nicht geringe Pein.

[...]

Auf meinem Pindus hört man nichts als Klagelieder,
Mir dünkt, das unsre Stadt ganz ausgestorben ist,
Gesellschafft, Spiel, und Schertz wird mir nunmehr zuwider,
Weil dich bei selbigen mein Augenpaar vermisst.
Du weißt, wie sehr ich dich vor allen andern liebe,
Dein Scheiden wirkt bei mir recht wirklichen Verdruss.

Jedoch, was mach ich dir dein Badewasser trübe,
Das, wenn es helfen soll, ganz helle fließen muss.
Die Grillen müssen sich nicht mit in Bäder mischen,
Der Geist soll aufgeräumt und ohne Sorgen sein;
Drum will ich, deinen Sinn zugleich mit aufzufrischen,
Von Klagen weiter nichts, dir liebste Freundin, streun.

Die Sorgen sind bereits am Nagel aufgehangen,
Gnug dass bei meinem Gram mir die Versichrung bleibt,
Diejenige werde dich bald wiederum umfangen,
Die dies recht mit Begierd und größter Sehnsucht schreibt.

Ich will indess voraus die süße Stunde küssen,
Da deine Gegenwart mich wiederum erquickt.
Denn glaube, dass mein Herz, der Himmel wird es wissen,
Dir tausend Seufzer schon statt Pferd und Wagen schickt.

CHRISTIANA MARIANA VON ZIEGLER (1695–1760)

Freundschaft

Wie Blumen neigen sich
die hellen Mädchen,
die innigen Gestalten,
liebe Frauen,
in mein Leben.
Und ihrer Freundschaft dank ich
Stunden süßer Seligkeiten,
gemeinsam Trauern,
herben Abschiedsschmerz.
O, dass kein Sturmwind,
dass keine Hand
die schönen Kelche
seelenlos ergreife.
Zu sehr sind sie der Freundin
zartere Liebkosung,
und herzlichstes Verstehn gewöhnt.

FRANCISCA STOECKLIN (1894–1931)

Leb wohl, bessere Hälfte meiner Seele

Als Lioba alt und gebrechlich wurde, […] zog sie sich nach Schornsheim 4 Meilen südlich von Mainz zurück. Dort blieb sie mit einigen ihrer Schwestern und diente Gott Tag und Nacht in Fasten und Gebet.

Als König Karl der Große in der Pfalz in Aachen weilte, sandte seine Frau Hildegard eine Nachricht und bat sie zu kommen und sie zu besuchen, wenn es ihr nicht zu beschwerlich wäre, denn sie sehnte sich danach Lioba zu sehen, bevor diese stürbe. Lioba passte das nicht so gut, aber sie folgte der Bitte aufgrund der langandauernden Freundschaft zwischen den beiden. So ging sie und wurde von der Königin wie gewohnt herzlich empfangen. Doch sobald Lioba den Grund für die Einladung erfuhr, wollte sie wieder nach Hause gehen.

Und als die Königin sie bedrängte, noch ein paar Tage länger zu bleiben, lehnte sie ab. Sie nahm ihre Freundin noch herzlicher in den Arm als sonst, küsste sie auf den Mund, die Stirn und die Augen und verabschiedete sich von ihr mit den Worten:

»Leb wohl für immer, meine zärtlich geliebte Herrin und Schwester; leb wohl, bessere Hälfte meiner Seele. Möge Christus unser Schöpfer und Erlöser es geben, dass wir uns am Jüngsten Tag wiedersehen und uns nicht voreinander schämen müssen. In dieser Welt werden wir uns nicht mehr an der Gegenwart der anderen erfreuen.«

So kehrte Lioba in ihr Kloster zurück, und nach wenigen Tagen wurde sie von einer Krankheit niedergestreckt und bettlägerig. [...] Dann legte sie den irdischen Leib ab und gab ihre Seele fröhlich ihrem Schöpfer zurück, rein und unbefleckt, wie sie sie von ihm erhalten hatte. Sie starb im September ...

AUS DER LEBENSGESCHICHTE DER HEILIGEN LIOBA DES WOLFGANG VON FULDA (836)

Auf dem Grab der Freundin

Ihr Säulen und steinerne Sirenen auf meinen Grab,
und Du, traurige Urne, die die sterblichen Reste zum
Hades bringt, sagt denen, die zu meinem Grab kommen,
dass sie mich grüßen sollen, ob sie nun aus dieser Stadt
kommen oder aus einer anderen.
Und sagt auch, damit sie es wissen, dass dieses Grab eine
junge Braut umschließt, dass mein Vater mich Baukis
nannte und dass ich aus Tenos kam.
Und dass meine Freundin und Gefährtin Erinna diese
Inschrift anbringen ließ.

(Anthologia Graeca VII 710)
Erinna (4. Jhd. v. Chr.)

Maryna

Seit du gestorben, bin ich recht allein.
Ich träume oft, es müsse anders sein,
Dann sag ich mir: Sie ist nur fortgegangen
Und kehret wieder, denn sie ahnt mein Leid.
Dann kommst du lachend wie in alter Zeit
Und streichelst hastig-redend meine Wangen.

Und ich erwache ... will dich wiedersehn,
Will dich in einem Winkel noch erspähn,
Ich suche wie die Mutter nach dem Kinde!
Doch plötzlich fällt mich der Gedanke an:
Dass ich die Welt zu Ende laufen kann
Und nirgend, nirgend, nirgend dich mehr finde!

ADA CHRISTEN (1839–1901)

Die Freundschaft

Wenn ein düstrer schwarzer Wolkenschleier
Sich um unsre kranke Seele zieht,
Wenn der Gotteshauch ihr mächtig Feuer
Fast verlischt, und nur noch sterbend glüht;

Welche Gottheit wird sich dann erbarmen?
Welcher Genius wird Retter sein?
Wer entreißt der Schwermut Felsenarmen
Dann die Seele? Wer wird Retter sein?

Ach dort kömmt mit lächelnder Gebärde,
Mit dem ganzen Himmel im Gesicht,
Friedewinkend einer ganzen Erde,
Eine Göttin im Gewand von Licht.

In der Rechten eine goldne Schale,
In der Linken eine Rosenkron,
Winket sie zu jenem stillen Tale:
Gute Göttinn, o ich folge schon!

Sage, wie die Himmlischen dich ehren?
Nenne deinen Götternamen mir,
Jede Morgenröte soll ihn hören,
Jeder Abendstern ein Lied von dir.

Ah! schon reicht sie mir die volle Schale,
Schon umschlingt mein Haar ein Blumenkranz,
Schon umleuchtet mich im stillen Tale
Ein gedämpfter Strahl von ihrem Glanz.

Ja, nun weiß ich deinen holden Namen. –
Welch ein Nektar! welch ein Zaubertrank! –
Alle, die, o Freundschaft, zu dir kamen,
Trinken deinen Becher lebenslang;

Trinken Lust und seliges Vergessen
Aller Übel, aller ihrer Qual,
Trinken Mut, den Tartarus zu messen,
Schiffen froh zum Elisäer Tal.

CAROLINE RUDOLPHI (1753–1811)

Gemeinsam

Vergesset nicht
Freunde
wir reisen gemeinsam

besteigen Berge
pflücken Himbeeren
lassen uns tragen
von den vier Winden

Vergesset nicht
es ist unsere
gemeinsame Welt
die ungeteilte
ach die geteilte

die uns aufblühen lässt
die uns vernichtet
diese zerrissene
ungeteilte Erde
auf der wir
gemeinsam reisen

Rose Ausländer (1901–1988)

An Henriette
von Hohenhausen

Wie lieb, o Nähe; Ferne, ach wie leid;
Wie bald wird Gegenwart Vergangenheit!
Warum hat Trauer denn so matten Schritt,
Da doch so leicht die frohe Stunde glitt?
Ach, wer mir liebe Stunden könnte bannen,
Viel werter sollt' er sein, als der vermöchte
Der trüben schlaffe Sehnen anzuspannen,
Denn Leid im Herzen wirbt sich teure Rechte,
Und wer es nimmt, der nimmt ein Kleinod mit.

Reich mir die Hand! du hast mich froh gemacht.
In öder Fremde hab' ich dein gedacht,
Werd' oft noch sinnen deinem Blicke nach,
So mildes Auge hellt den trübsten Tag.
Lass Ferne denn zur Nähe sich gestalten
Durch Wechselwort und inniges Gedenken.
Reich mir die Hand! — ich will sie treulich halten,
Und drüber her mag immergrün sich senken
Der Tannenzweig, ein schirmend Wetterdach.

ANNETTE VON DROSTE-HÜLSHOFF (1791—1848)

An Sibylle Mertens

WEIMAR 1829

Wie der Himmel sich im Meere spiegelt,
Seinen Glanz ihm leiht, sein Lichtbewegen,
Seine Wogen farbenhell beflügelt,
Dass sie grundentfliehend leicht sich regen:
Also ist mein Außensein und Leben
Reges Bild der Kraft, die Du gegeben.

In der Tiefe — wo die Wasser quellen,
Raset stumm die Macht, noch ungezügelt,
Grimme Feinde lauern unter Wellen —
Hat das Schweigen auch mein Wort besiegelt,
Tief im Innern, wo sich Schmerzen regen,
Ist im Herzen stets die Qual zugegen.

ADELE SCHOPENHAUER (1797—1849)

Schwester,

Immer sind die dunkeln Abenteuer
Zwischen uns, wir können oft
Keines der vielen blauen Worte finden,
Die uns geschenkt sind.

Dann, wenn ich die schmalen Krystalle
Meines weißen Traumes Dir bringe,
Häufst Du rötliche Scheiter
Und glühst ein Feuer.

Oder ich möchte mit Abendwind
Deine schmerzliche Lippe kühlen
Und er kommt schwül von den Gärten
Meiner Sehnsucht.

Schwester, immer sind die dunkeln Abenteuer
Zwischen uns, wir können kaum
Unter Schatten erkennen, wie sehr
Wir uns lieben.

Marie Luise Weissmann (1899–1929)

An Henriette von Knebel

1811

Der Zauber, den die süße Stimme tönte,
die mir das wunde Herz mit Kraft geheilet,
Die Anmut, die das Leben mir verschönte,
Begleite sie, wo sie auch immer weilet.
Sie ist mir fern, doch nur den trüben Blicken.
Wohl fasst der Geist sie mit den lichten Schwingen
Der Liebe kann das Schicksal nichts entrücken,
Denn mutig kann sie in die Ferne dringen.
Gib mir, o Sehnsucht, freundliche Gebilde,
Das Herz zu malen, dem der Ton entquillet,
Die Freundin grüßend mit des Himmels Milde,
Die ihr das eigne Wesen schön erfüllet.

CHARLOTTE VON SCHILLER (1766–1826)

Die Freunde

Himmelentsunkener Kranz! Nur Hochbeglückte umstrahlet
Stundenbeflügelt dein Glanz, weilend bei Sterblichen nicht!
Höchste Fülle des Seins, Verkünderin besserer Welten,
Wenn zu der Liebe sich sanft heilige Freundschaft gesellt!

Leis' entschlummert war ich beim Gesange murmelnder Wellen,
Und Pommeranzengedüft zog zu den Fenstern herein.

Träumend wähnet' ich mich, als, beim ersten Dämmern der Frühe,
Lieblich lächelnd sich mir Freundesgestalten genaht;
Schloss von neuem das Aug' und wagt' es nicht wieder zu öffnen,
Dass vor dem Morgenroth nicht selige Täuschung entflöh'!
Aber um träumend ans Herz die teuren Gebilde zu schließen,
Streckt' ich sehnend die Arm' — ach, und sanken hinein!
»Schwind', o Wirklichkeit! hin vor so selig machenden Träumen,«
Rief ich, stammelnd vor Lust: »Nimmer erwacht' ich doch mehr.«

Flüsternd ertönte die Stimme, die wohlbekannte, der Freunde:
»Schließe die Augen doch auf, Friedchen, wir sind es ja selbst!«

FRIEDERIKE BRUN (1765–1835)

Als einige Freunde mich besuchten

DEN 10. OCTOBER 1797

Ihr Freunde, die der Wunsch hieher geleitet,
Die junge Sängerin zu sehn,
Seht, nicht ein Haus, der Pracht zum Sitz bereitet,
Macht meinen Aufenthalt mir schön.

Ein Hüttchen nur von Holz und Stroh und Leimen,
Schützt mich vor Regen, Sturm und Schnein;
Hier kann ich weben, kochen, kehren, reimen,
Und so mich meines Lebens freun.

Der Ziegenberg, den wir vereint bestiegen,
Auch der ist nicht mein Eigentum;
Man ist so gut, und lässt mir das Vergnügen,
Und nimmt als Nachbar Dank und Ruhm.

Schon malt der Herbst die Haselsträuch' am Raine
Mit seinen Farben bunt und schön;
Bald wird es dort am Hügel durch die Haine
Der Birken kalt und schaurig wehn.

Doch, wenn die Freundschaft mich hinauf begleitet,
Ist selbst der Herbst nicht freudenleer;
Sie, die das Herz der Freude still erweitet,
Macht auch den Herbsttag schön und hehr,

Sie ist ein Bild vom guten Vater droben,
Der überall erfreut, beglückt;
Uns segnet dann, wenn Sturm und Wetter toben,
Und wenn die Sonne sanft entzückt.

JOHANNE JULIANE SCHUBERT (1776–1864)

An meine Freunde

An meine treuen Freunde, die ich verlassen musste,
und die mit mir geflüchtet in die Welt.

Nicht die tote Ruhe —
Bin nach einer stillen Nacht schon ausgeruht.
O ich atme Geschlafenes aus,
Den Mond noch wiegend
Zwischen meinen Lippen.

Nicht den Todesschlaf,
Schon im Gespräch mit euch — himmlisch Konzert —
Ruhe ich aus ....
Und neu' Leben anstimmt
In meinem Herzen.

Nicht die tote Ruhe,
So ich liebe im Odem sein;
Auf Erden mit euch im Himmel schon
Allfarbig malen auf blauem Grund —
Das ewige Leben.

Der Ueberlebenden schwarzer Schritt
Zertritt den Schlummer, zersplittert den Morgen.
Hinter Wolken verschleierte Sterne
Über Mittag versteckt …
So immer neu uns finden.

In meinem Elternhause nun
Wohnt der Engel Gabriel.
O ich möchte mit euch dort
Selige Ruhe in einem Fest feiern:
Sich die Liebe mischt mit unserm Wort.

Aus mannigfaltigem Abschied
Steigen aneinander geschmiegt die goldenen Staubfäden,
Und nicht ein Tag ungesüßt bleibt
Zwischen wehmütigem Kuss — —
Und Wiedersehn.

Else Lasker-Schüler (1869—1945)

An die Freundschaft

Du Tochter des Himmels, aus Eden gesandt,
Du führst uns am seidenen rosigen Band,
Du linderst die Wehen, du scheuchest den Schmerz,
Strömst himmlische Ruhe ins zagende Herz.

Schon stand ich am Abgrund, schon wankt' ich heran,
Da fasstest du, himmlische Göttin, mich an!
»Was bebst du? was zagst du? komm, gib mir die Hand,
Ich führe dich glücklich ins bessere Land!«

Wohl schwand mir der Abgrund, mein Lichtkreis ward hell;
Ich schöpfte aus deinem allmächtigen Quell:
Dahin schwand der Kummer, wie Missmut und Graus,
Du söhntest mit Menschen und Schicksal mich aus.

Dass nun auch im Sturme mein Haupt sich erhebt,
Dass Hoffnung mich golden und lachend umschwebt,
Dass Selbstgefühl stolz meine Seele durchdringt,
Die Freundschaft zu Freuden und Scherzen mir winkt,

Und dass mich nun wieder die liebe Natur
Umarmet auf blühender, lachender Flur,
Mir duften die Blüten, und rieselt der Bach,
Mir hallet das Echo im Felsgeklüft nach,

Mich kühlet der Abend, mit Perltau bekränzt,
Wenn hoch in den Wolken der Liebe Stern glänzt,
Mir schimmert im Strahle des Mondes so hell
Das Silbergestäube im sprudelnden Quell;

Dies dank' ich dir, Freundschaft! dir huld'ge ich laut!
Nicht zärtlicher liebt den Verlobten die Braut,
Als deine Geweihte dich, Freundschaft, verehrt;
Du hast mich die Toren verachten gelehrt!

Und wenn dann nun einmal mein seliger Geist
Voll Jubels die irdische Hülle zerreißt,
Dann schwebst du entgegen im Palmenhain mir,
Wir lieben uns höher und reiner, als hier!

ELISE SOMMER (1767- ?)

Ist nicht mein Zürnen selber deinem gleich?

AN ***

Kein Wort, und wär' es scharf wie Stahles Klinge,
Soll trennen, was in tausend Fäden eins,
So mächtig kein Gedanke, dass er dringe
Vergällend in den Becher reinen Weins;
Das Leben ist so kurz, das Glück so selten,
So großes Kleinod, einmal sein statt gelten!
[...]
Blick in mein Auge — ist es nicht das deine,
Ist nicht mein Zürnen selber deinem gleich?
Du lächelst — und dein Lächeln ist das meine,
An gleicher Lust und gleichem Sinnen reich;
Worüber alle Lippen freundlich scherzen,
Wir fühlen heil'ger es im eignen Herzen.
[...]

ANNETTE VON DROSTE-HÜLSHOFF (1797–1848)

Toleranz

*Die Freundschaft muss unendlich mehr Toleranz haben
als die Liebe.*

<small>(Voeux temeraires, Akt III)
Stéphanie Félicité de Genlis (1746–1830)</small>

Wir müssen unsere Freunde um ihrer selbst willen lieben

Wenn es um die Freundschaft geht, so habe ich bemerkt, dass Enttäuschung hier vor allem aus folgendem Grund entsteht: Nicht weil wir unsere Freunde zu sehr mögen oder zu gut von ihnen denken, sondern eher weil wir ihre Liebe und Wertschätzung unserer Person überschätzen. Und wenn wir uns diesbezüglich sorgfältig genug vor einem Irrtum hüten und zufrieden oder sogar glücklich damit werden können, mehr Zuneigung zu geben als wir bekommen — also die Umstände gerecht in unsere Betrachtung mit einbeziehen [...] und nicht zulassen, dass unsere Eigenliebe uns blendet — so denke ich, dass wir mit Konsequenz und Beharrlichkeit durchs Leben kommen können, ohne jene verbitterte Menschenfeindlichkeit, die entsteht, wenn Gefühle sich plötzlich in ihr Gegenteil verkehren.
Das klingt alles recht philosophisch, doch wenn du darüber nachdenkst, ist es vernünftig.
Die Moral daraus ist, dass wir, um unsere Freundschaft auf ein sicheres Fundament zu stellen, unsere Freunde mehr um ihrer selbst willen lieben müssen als um unseretwillen. Wir müssen uns darum sorgen, dass sie sich selbst treu bleiben, mehr als darum, ob sie uns treu bleiben. Im zweiten Fall ließe jede Verletzung unserer Eigenliebe die Freundschaft abkühlen, im ersten Fall würde nur eine schmerzhafte Veränderung in Charakter und Haltung des Freundes — ein schrecklicher Riss in seiner Treue zu seinem besseren Ich — die Herzen entfremden.

CHARLOTTE BRONTË (1816–1855),
BRIEF AN W. S. WILLIAMS, 21. JULI 1851

57

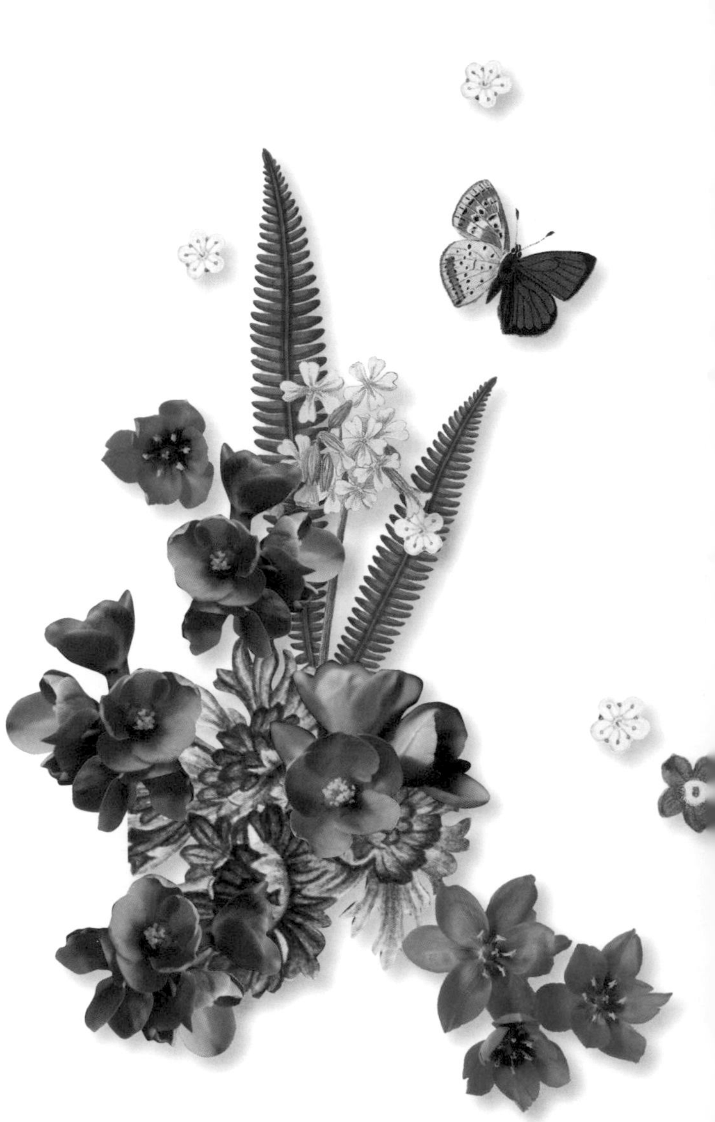

Honigkuchen

Eine Freundin
backt mir Honigkuchen
Er duftet nach Mutter
schmeckt nach Kindheit
die blüht noch in mir
Bienen trinken Blütensaft
die tote Mutter
schaukelt mein Bett
und singt alte Kinderlieder
Eine Scheibe Honigkuchen
verwandelt die Welt

ROSE AUSLÄNDER (1901–1988)

Ich fühle mich verarmt, weil Sie nicht mehr reich sind

Madame de Staël an Juliette Recamier
nach dem Bankerott der Familie

Genf, den 17. November 1806
O meine liebe Juliette, welchen Schmerz bereitet mir
die schreckliche Nachricht, die ich erhalte! Ich verflu-
che mein Exil, das es mir nicht erlaubt, bei Ihnen zu
sein und Sie an mein Herz zu drücken!
Sie haben alles verloren, was das Leben leicht und
angenehm macht, doch wenn es möglich wäre, dass
Sie dadurch noch mehr Liebe und Aufmerksamkeit
erhalten, so ist dies geschehen. […] Doch sagen Sie
mir, kann ich davon träumen und hoffen, Sie diesen
Winter hier zu empfangen? Wenn Sie wollen, können
Sie drei Monate in einem engen Kreis verbringen, wo
Sie herzlich umsorgt werden… Doch auch in Paris
fühlt man mit Ihnen. Und zumindest bis nach Lyon
oder zur Grenze meines Exils würde ich kommen, um
Sie zu sehen, zu umarmen und Ihnen zu sagen, dass
ich für Sie mehr Zärtlichkeit empfinde als für jede
andere Frau, die ich je gekannt habe. […]
Liebe Juliette, unsere Freundschaft soll noch enger
werden, es sollen nicht nur großzügige Gefallen sein,
die alle von Ihrer Seite kamen, sondern ein ständiger
Austausch, ein beiderseitiges Bedürfnis, seine Ge-
danken der anderen anzuvertrauen, ein gemeinsames
Leben. Liebe Julie, Sie werden es erreichen, dass ich
nach Paris zurückkommen kann, denn Sie werden im-

mer eine sehr mächtige Person bleiben, und wir werden uns jeden Tag sehen, und da Sie jünger sind als ich, werden Sie meine Augen zudrücken, und meine Kinder werden Ihre Freunde sein. Meine Tochter hat heute Morgen über meine und Ihre Tränen geweint. Liebe Julie, den Luxus, der Sie umgab, haben wir genossen, Ihr Vermögen war das unsere, und ich fühle mich verarmt, weil Sie nicht mehr reich sind. Glauben Sie mir, es bleibt etwas vom Glück, wenn man so geliebt wird. Benjamin will Ihnen schreiben, er ist sehr aufgeregt. Mathieu schreibt mir über Sie einen rührenden Brief. Liebe Freundin, Ihr Herz soll ruhig sein inmitten dieses Schmerzes! Weder der Tod noch der Verlust der Freundschaft Ihrer Lieben droht Ihnen, und nur das wären ewige Wunden. Leben Sie wohl, lieber Engel, leben Sie wohl! Ich küsse respektvoll ihr zauberhaftes Gesicht.

ANNE LOUISE GERMAINE DE STAËL-HOLSTEIN
(1766–1817)

Wahre Freundschaft

ROSELINE:
Pensée, meine Liebe,
solange Amaranthe den Hirten Violier verzaubert hält,
lass uns von der Freiheit singen,
denn die Freiheit der Frauen
ist das schönste Licht,
das ihre Seelen erleuchten kann.

PENSÉE:
Roseline, die Menschen
sind nicht alle gleich
dem einen gefällt es, sich fangen zu lassen,
dem anderen, für sich selbst zu leben.
Doch eine wahre Freundschaft
nimmt nicht die Freiheit:
Auch der Himmel liebt,
wenn er die Erde beglückt.

(AUS DEM GEDICHT: BERGERIE)
MADELEINE DE ROCHES (1520–1587) UND CATHERINE
DE ROCHES (1542–1587)

VERLAGSGRUPPE PATMOS

PATMOS
ESCHBACH
GRÜNEWALD
THORBECKE
SCHWABEN

Die Verlagsgruppe
mit Sinn für das Leben

MIX
Papier aus verantwor-
tungsvollen Quellen
FSC® C004592
FSC
www.fsc.org

Für die Schwabenverlag AG ist
Nachhaltigkeit ein wichtiger
Maßstab ihres Handelns. Wir
achten daher auf den Einsatz
umweltschonender Ressourcen
und Materialien. Dieses Buch
wurde auf FSC®-zertifiziertem
Papier gedruckt. FSC (Forest
Stewardship Council®) ist eine
nicht staatliche, gemeinnützige
Organisation, die sich für eine
ökologische und sozial verantwortliche Nutzung der Wälder
unserer Erde einsetzt.

Alle Rechte vorbehalten
© 2012 Jan Thorbecke Verlag
der Schwabenverlag AG,
Ostfildern
www.thorbecke.de

Gestaltung: Finken & Bumiller,
Stuttgart, Chandima Soysa
Druck: Appl, Wemding
Hergestellt in Deutschland
ISBN 978-3-7995-0767-7